陈嘉庚與集友银行

厦门国际银行
集 友 银 行　编著
华 侨 博 物 院

中国华侨出版社
·北京·

图书在版编目（CIP）数据

陈嘉庚与集友银行 / 厦门国际银行，集友银行，华
侨博物院编著. -- 北京：中国华侨出版社，2023.8
ISBN 978-7-5113-8963-3

Ⅰ.①陈… Ⅱ.①厦… ②集… ③华… Ⅲ.①陈嘉庚
（1874-1961）—生平事迹 ②银行史—史料—中国—近代
Ⅳ.①K828.8 ②F832.96

中国版本图书馆 CIP 数据核字（2022）第 255960 号

陈嘉庚与集友银行

编　　著：厦门国际银行　集友银行　华侨博物院
责任编辑：高文喆　桑梦娟
经　　销：新华书店
开　　本：710 毫米 × 1000 毫米　　1/16 开　　印张：18.5　　字数：242 千字
印　　刷：北京鑫益晖印刷有限公司
版　　次：2023 年 8 月第 1 版
印　　次：2023 年 8 月第 1 次印刷
书　　号：ISBN 978-7-5113-8963-3
定　　价：98.00 元

中国华侨出版社　　北京市朝阳区西坝河东里77号楼底商5号　　邮编：100028
编 辑 部：（010）64443056-8013　　传　真：（010）64439708
网　　址：www.oveaschin.com　　E-mail：oveaschin@sina.com

如发现印装质量问题，影响阅读，请与印刷厂联系调换。

（本书使用的个别图片因故未能取得作者授权，请作者看到本书后及时与我社联系，不胜感激。）

本书编委会

《陈嘉庚与集友银行》一书由厦门国际银行牵头发起，集友银行、华侨博物院等相关领域专家共同参与。

顾　　　问： 林　军　林广兆　陈立人

编委会主任： 王晓健

编委会副主任： 刘晓斌　章德春　曹云川　郑　威　黄志如　祝建武

主　　　编： 王晓健　刘晓斌

副　主　编： 秦志华　陈思慧　林翠茹

执行主编： 林翠茹

编写组人员：

厦门国际银行股份有限公司：秦志华　刘　琳　郑国忠　宋志强
　　　　　　　　　　　　　　任超逸　陈　坤

集友银行有限公司：陈思慧　赵若言　陈为民

华侨博物院：林翠茹　李　丽　潘少红　蔡青梅

编　　　务： 林翠茹　宋志强　任超逸

1949 年 6 月，第一届新政治协商会议筹备会期间，陈嘉庚与毛泽东在北京中南海勤政殿前合影

华侨旗帜　民族光辉

陈嘉庚

陈嘉庚被毛泽东赞誉为"华侨旗帜、民族光辉"（1984年邓小平题写）

1994年，为纪念陈嘉庚先生诞辰120周年，江泽民题词："弘扬嘉庚爱国精神，振兴中华教育事业。"

福建日报

东南网:www.fjsen.com 新闻客户端:今日福建

中共福建省委主办 福建日报报业集团出版 2014年10月22日 星期三 甲午年九月廿九

习近平总书记给厦门市集美校友总会回信

希望广大华侨华人弘扬"嘉庚精神",深怀爱国之情,坚守报国之志,同祖国人民一道不懈奋斗,共圆民族复兴之梦

习近平
2014年10月17日

社会主义核心价值观基本内容

富强 民主 文明 和谐
自由 平等 公正 法治
爱国 敬业 诚信 友善

2014年,习近平总书记在陈嘉庚先生诞辰140周年之际给厦门市集美校友总会回信,希望广大华侨华人弘扬"嘉庚精神",深怀爱国之情,坚守报国之志,同祖国人民一道不懈奋斗,共圆民族复兴之梦

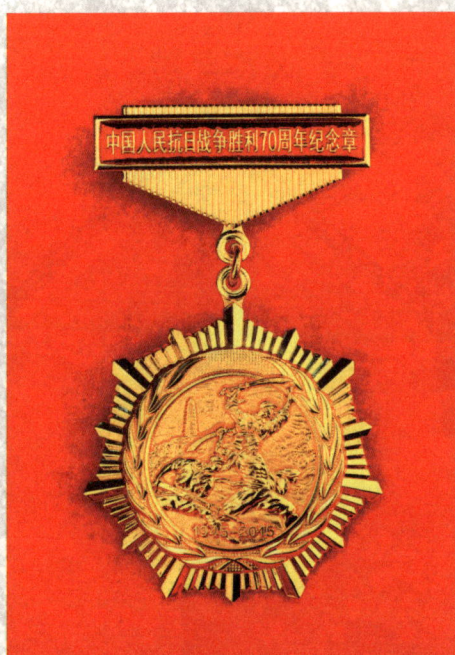

2015 年 9 月，陈嘉庚获授"中国人民抗日战争胜利 70 周年纪念章"，陈嘉庚长孙陈立人受邀赴北京接受习近平总书记亲自颁发纪念章

2019 年 9 月，在中华人民共和国成立 70 周年之际，陈嘉庚获"最美奋斗者"称号

位于香港中环德辅道中 78 号的香港集友银行总行大厦

丹青难写是精神

——致敬集友银行 80 华诞

岁月不居，时光流转。走过崎岖变坦途，历经风雨见彩虹，集友银行即将迎来 80 华诞。

我于 1949 年在新加坡出生，与中华人民共和国同龄。我出生的第二年，祖父陈嘉庚就离开新加坡回中国定居了，儿时对祖父没有半点印象。后来，从父辈口中，从大量的书籍报刊中，我越来越多地了解到祖父的为人、事业和功绩，才知道他是一位十分了不起的伟人。他不遗财产给子孙，却留下了最为宝贵的精神财富。2015 年，我代表祖父接受习近平总书记亲自颁授的"中国人民抗日战争胜利 70 周年纪念章"，感到无比的骄傲和自豪。

100 多年前，祖父陈嘉庚抱定"教育为立国之本，兴学乃国民天职"的信念，以办教育为职志，树立了倾资兴学的历史丰碑。集友银行也是他为集美学校倡办的。80 年前，在抗日战争的烽火中，内迁安溪、大田等地的集美学校经费严重短缺。一群以陈嘉庚先生亲友及其所创办的厦门大学、集美学校校友为核心的有识之士，循着嘉庚先生办实业、兴教育、服务社会、报国兴邦的足迹，以"谋集美学校永久经济基础""确立华侨资金与祖国建设事业联系合作之初基""联合侨商返国投资，助长祖国复兴事业"为目标和使命，发起创办集友银行。80 年来，一代代"集友人"秉持"以行养校、以行助乡"的宗旨，传承弘扬"嘉庚精神"，接续奋斗，使一家小小的侨资银行成长为现今总资产超过 1800 亿港元、全行客户数突破 20 万的精品银行。抚今追昔，饮水思源，集友银行的成长进步，离不开倡办人嘉庚先生和"嘉庚精神"的引领，离不开陈文确、陈六使、李光前等前辈的坚定支持，离不开所有"集友人"的拼搏奉献，也离不开海内外各界的关心帮助！

嘉庚先生认为"有坚强之精神，而后有伟大之事业"，"唯有真骨性方能爱国，唯有真事业方能救国"，坚守"凡事只要以国家利益、人民利益为依归，个人成败应在所不计"的理念，他一生为辛亥革命、民族教育、抗日战争、解放战争、新中国建设和人类进步事业作出了卓越贡献，被毛泽东同志誉为"华侨旗帜、民族光辉"。2014 年 10 月，在嘉庚先生诞辰140 周年之际，习近平总书记在给厦门市集美校友总会回信中指出："陈嘉庚先生是'华侨旗帜、民族光辉'。""他爱国兴学，投身救亡斗争，推动华侨团结，争取民族解放，是侨界的一代领袖和楷模。他艰苦创业、自强不息的精神，以国家为重、以民族为重的品格，关心祖国建设、倾心教育事业的诚心，永远值得学习。"习近平总书记的回信高度评价了嘉庚先生，希望广大华侨华人弘扬"嘉庚精神"。

榜样的力量是无穷的。在嘉庚先生的影响和感召下，李光前、陈文确、陈六使等人成为嘉庚先生最忠实的支持者、追随者。嘉庚先生企业收盘后，其许多事业都得到了他们的大力支持。1941 年太平洋战争爆发，同年 12 月日军对马来半岛发起攻击。1942 年春，身在新加坡的嘉庚先生感到"此间战事甚形危险"，于是劝说陈文确、陈六使、李光前等亲友汇款回国，一方面是为了他们的财产安全，另一方面是考虑到这些资金在战后可以投资祖国、家乡的各项事业。陈六使汇出 700 万元、李光前汇出 100 万元、陈济民和陈厥祥共汇出 55 万元，共计 855 万元法币。创办集友银行的 200 万元法币即出自其中。李光前、陈六使等人的功绩永远彪炳集友银行的史册！

精神的力量是无法估量的。嘉庚先生是集友银行的倡办者，"嘉庚精神"是集友银行的传家宝。"嘉庚精神"激励一代又一代"集友人"不忘初心、开拓进取，将集友银行不断做大做强。"嘉庚精神"在一代又一代"集友人"心中薪火相传、生生不息！

回望过往，是为了更好出发；无论走多远，都不要忘了为什么出发。在祝贺集友银行 80 华诞之际，让我们一起感恩嘉庚先生和李光前、陈文确、陈六使等前辈，致敬新老"集友人"，感谢各界人士。作为嘉庚先生后人，我衷心期待并祝愿祖父倡办的集友银行牢记"以行养校，以行助乡"的使命，踔厉奋发，再创辉煌，为祖国和家乡的文教公益事业作出新的更大贡献！

陈嘉庚长孙

陈立人

2023 年 7 月

序言二

以侨为桥聚四海之心、爱国报国合五洲之力

——献礼集友银行成立 80 华诞

党的二十大报告指出："人心是最大的政治，统一战线是凝聚人心、汇聚力量的强大法宝。完善大统战工作格局，坚持大团结大联合，动员全体中华儿女围绕实现中华民族伟大复兴中国梦一起来想、一起来干。"

壹引其纲，万目皆张。在中国革命和发展的各个时期，海外华侨华人都作出了重大贡献。华侨华人赤诚的爱国报国之心代代相传，嘉庚先生堪为其中的典范，被毛泽东同志赞誉为"华侨旗帜、民族光辉"。作为著名的爱国华侨领袖、企业家、教育家、慈善家、社会活动家，嘉庚先生光辉的一生所展现出的高尚品格和优良作风，凝结形成了独特而丰富的"嘉庚精神"。2014 年，习近平总书记在给集美校友总会的回信中，向广大华侨华人提出"弘扬'嘉庚精神'""共圆民族复兴之梦"的殷切期盼，把"嘉庚精神"提升到更高层面，成为中华民族精神和时代精神的重要内容。

1943 年，以"谋集美学校永久经济基础""确立华侨资金与祖国建设事业联系合作之初基""联合侨商返国投资，助长祖国复兴

事业"为目标和使命的集友银行由嘉庚先生倡办。集友银行创立伊始即重视沟通侨汇，服务侨眷，不仅为集美学校的发展提供了资金后盾，还使华侨资金与祖国建设的关系更为密切，抗日战争时期，集友银行广泛收解侨汇，畅通侨资回国渠道，便利侨资内移以支援祖国抗战。抗战胜利后，集友银行继续发展侨汇业务，鼓励侨资内移、便利侨胞汇兑、扶助工业发展。1947年，鉴于当时国民党政府的腐败和严峻的国内形势，集友银行的股东在香港注册创立了香港集友银行有限公司，此后香港集友银行在深耕香港市场的同时，继续努力经营侨汇、外汇业务，成为联通内外的桥梁，并将业务拓展至内地，为内地建设引进资金，介绍海外华侨、客商到内地投资，并重回发源地福建，着力支持厦门特区建设，在福建与香港经济和社会发展中发挥积极作用。新中国成立后，集友银行获准代理人民银行各项储蓄存款、代理中国银行华侨储蓄存款业务，继续践行服务侨胞侨眷的历史使命。2017年，集友银行股权交割后，成为厦门国际银行的附属机构。2018年，集友银行深圳分行正式开业，同时集友银行福州分行、厦门分行等分支行焕发活力，积极参与福建的高质量发展，成为闽港合作重要纽带和成功范例。

截至2022年末，集友银行凭借便捷周到的零售业务和全方位的跨境金融服务，沉淀了较为广泛的华侨华人客群，华侨华人客户数占其个人客户总数近30%，华侨华人资本占比近1/3，华侨金融业务量超300亿港元，并在东南亚华侨华人中具有较高影响力。为更好地发展华侨金融，助力构建双循环新发展格局，集友银行发挥金融纽带作用，重点为"走出去"及"引进来"的侨商侨企搭建跨境金融平台。集友银行于2021年扩大美元债投资通道，2022年实现"直投"澳交所债券新渠道，为境内企业赴境外发债搭建桥梁。未来，集友银行规划在东南亚设立机构，将华侨金融服务的触角从境内沿海、香港、澳门等地向东南亚等华侨聚集地辐射，继续积极践行国家"一带一路"倡议，助力凝聚广大侨心侨力。

一路走来，集友银行的创立、成长和发展，以及对华侨金融的深耕，始终离不开对"嘉庚精神"的传承和践行。正因如此，集友银行也始终做好"一国两制"的坚定支持者和实践者，以实际行动落实爱国精神，以优质华侨金融服务连接华侨华人。2022年，厦门国际银行集团已将"嘉庚精神"的诚毅理念纳入全行的企业核心价值观，使其成为联结厦门国际银行全体成员的精神纽带。

风起正是扬帆时，站在新起点，集友银行将怀揣诚毅之志、弘扬爱国情怀，在新时代积极应对新变化，迎接新挑战，支持国家重大区域战略，服务境内实体经济。同时充分发挥侨资银行的作用，高举华侨金融旗帜，积极参与"一带一路"建设，助力构建双循环新发展格局，服务广大华侨华人，继承嘉庚先生的遗志，全方位融入中国式现代化建设，为实现中华民族伟大复兴团结奋斗！

值此集美学校创办110周年、集友银行成立80周年之际，我们组织编撰了《陈嘉庚与集友银行》一书。通过一个个生动故事、一幅幅珍贵照片，将嘉庚先生对集友银行的作用和影响、集友银行80年的历程与贡献、华侨金融在集友银行的扎根和拓展进行回顾与梳理。既是对嘉庚先生的缅怀与感恩、对"嘉庚精神"的感悟与传承，也是对华侨金融的思考和展望，希望海内外读者都能从中汲取力量并有所收获。

厦门国际银行股份有限公司党委书记、董事长

集友银行有限公司董事长

王晓健

2023年7月

目 录

1

第一篇　倡办人陈嘉庚

第四篇　文化传薪火

185

第一篇

倡办人陈嘉庚

集友银行倡办人、首任董事长陈嘉庚（1874—1961）

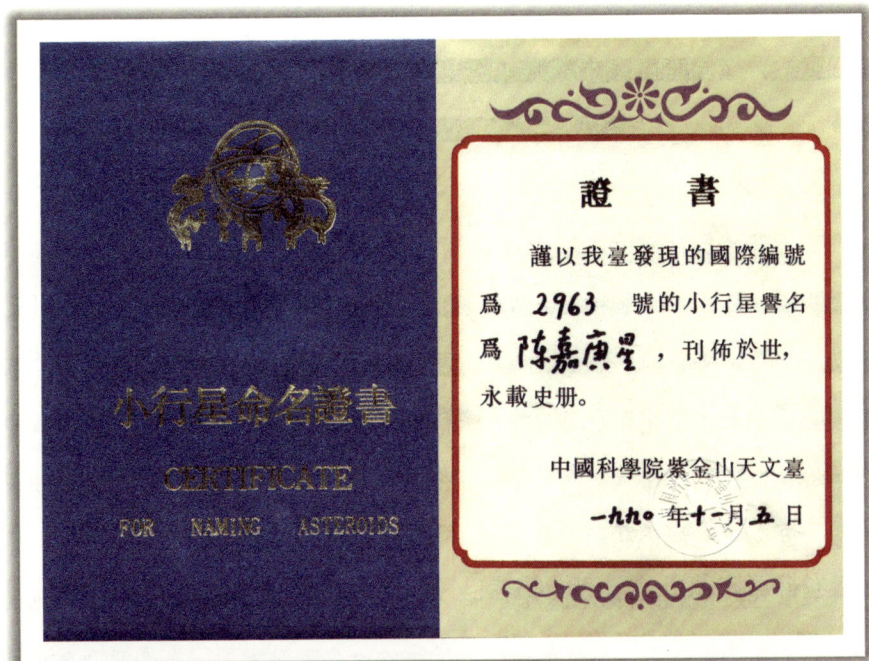

1990 年，国际小行星命名委员会将中国科学院紫金山天文台发现的第 2963 号小行星命名为"陈嘉庚星"

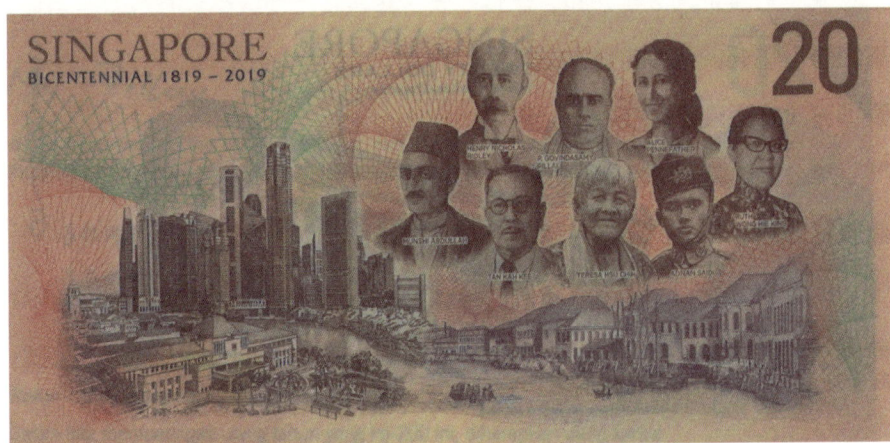

2019 年，为纪念新加坡开埠 200 周年，新加坡金融管理局推出 20 元纪念钞，背面印有八位先驱人物形象，陈嘉庚位列其中（前排左二）

陈嘉庚（1874—1961），福建厦门集美人，伟大的爱国华侨领袖、杰出的实业家、教育事业家和社会活动家，集友银行倡办人、首任董事长，被毛泽东誉为"华侨旗帜、民族光辉"，曾担任中央人民政府委员、政协第二届全国委员会副主席、第一届全国人民代表大会常务委员会委员、中华全国归国华侨联合会主席等职。他艰苦创业，建立起规模庞大的企业王国；他倾资兴学，开创了彪炳千秋的教育伟业；他纾难救国，为辛亥革命、抗日战争、解放战争作出了不朽的贡献；他回国参政，为新中国的建设献计出力。他的一生，是奋斗的一生、奉献的一生、进步的一生，对中国、东南亚乃至人类的进步事业作出了卓越的贡献。

陈嘉庚是优秀的华侨企业家、艰苦创业的典范。他恪守"国家之富强在实业"的信条，勇于开拓，诚信经营，建立起一个遍布世界的企业王国，既为大规模兴学办教奠定了坚实的经济基础，又为东南亚的经济发展和社会进步作出了杰出贡献。

陈嘉庚是卓越的教育事业家、倾资兴学的楷模。他秉持"教育为立国之本，兴学乃国民天职"的理念，自1913年起，创办、资助了集美学校、厦门大学和新加坡南洋华侨中学（今新加坡华侨中学）等118所学校，为社会培养了无数英才，也引领了华侨在海内外捐资办学的新风。他深有远见，倡办的集友银行，调动华侨金融的力量，有力地保障了教育事业的经费来源。在中国教育史上，陈嘉庚堪称"千古一人"。

陈嘉庚是著名的社会活动家、纾难救国的旗帜。他胸怀"天下兴亡，匹夫有责"的担当，追随孙中山，支持辛亥革命；团结带领南洋华侨全力支持中国抗日战争和世界反法西斯战争。陈嘉庚为祖国和侨居地的富强进步建立了不朽的功勋。

1949年，陈嘉庚应毛泽东主席电邀回国参加新政协会议和开国大典，于1952年2月回国定居。其间，他积极参政议政，致力于社会主义建设，维护华侨利益，心系祖国统一大业，是鞠躬尽瘁的爱国华侨领袖。1961年8月，陈嘉庚于北京病逝，享年87岁。国家给予以国葬的哀荣，其灵柩用专列运回集美，安葬于"鳌园"中。

1990年3月11日，国际小行星中心和命名委员会发布公告，将中国于1964年发现的编号为2963的小行星命名为"陈嘉庚星"。2009年9月，陈嘉庚当选"100位为新中国成立作出突出贡献的英雄模范人物"。2014年10月，习近平总书记给厦门市集美校友总会回信，高度评价陈嘉庚和"嘉庚精神"。2019年9月，陈嘉庚获"最美奋斗者"称号。

集友银行，一家为教育而生的银行。饮水思源，它的历史，与陈嘉庚的名字紧紧地联系在一起。为保障集美学校有较为稳定的经费来源，陈嘉庚于抗日战争时期倡办集友银行，开创了"以行养校，以行助乡"的先河。"集友人"无限缅怀倡办人陈嘉庚，感念他的首倡之恩，感佩他的远见卓识！在"嘉庚精神"的引领和激励下，集友银行砥砺前行，发展壮大。

第一章　艰苦创业　自强不息

渔村少年陈嘉庚远离故土，开启"下南洋"奋斗生涯。他先在父亲经营的米店学习摸索经商之道，积累实践经验。父亲实业破产后，他毅然承担起债务，替父还债，在华侨社会赢得了诚信的美誉。他负债起家，独立创业，从擅长的黄梨业入手经营，拓展米业，发展航运业，主攻橡胶业，缔造起遍布世界的企业王国，并率先实现橡胶的种植、生产、销售一条龙，被誉为"橡胶大王"，成为拥有千万资产的南洋巨商，蜚声海内外。

第一节　助父经商　崭露头角

1874 年（清同治十三年）10 月 21 日，陈嘉庚出生于福建泉州同安县仁德里集美社（今福建省厦门市集美区）颍川世泽堂的华侨世家。父亲陈缨杞（又名杞柏）于 19 世纪 70 年代南渡新加坡经商。母亲孙秀妹，同安县仁德里十一都孙厝社人氏，出身书香门第，善良贤惠，勤俭持家，是陈嘉庚少儿时期的启蒙老师。陈嘉庚 9 岁入集美社"南轩私塾"读书，早年的私塾教育让陈嘉庚打下了颇为扎实的国学功底，接受了儒家学说积极入世的思想，同时也让他对旧式教育的缺陷有了深刻的认识。1890 年，17 岁的陈嘉庚奉父亲之命远赴南洋，前往新加坡佐理商务。

鳌园石雕所刻陈嘉庚搭船出洋情形

陈嘉庚的父亲陈缨杞南渡新加坡时以经营米业起家，经过20多年的奋斗，在当地已颇具声望。陈嘉庚在父亲经营的顺安米店协助族叔管理店务，恪尽职守，兢兢业业，初步显露经商才能。至1900年，陈父的生意达到了顶峰，名下资产已达40万元。

1903年，当陈嘉庚返乡葬母并守孝三年后回到新加坡，因家庭变故，父亲的企业已连年亏损，债台高筑。陈嘉庚毅然承诺代父还债，这使他在社会上赢得了诚信的美誉，也因此承接了父亲的商业网络和人脉关系。1904年，已是而立之年的陈嘉庚独立创业，开启了崭新的人生道路。

第二节　负债起家　搏击商海

创业之初，陈嘉庚决定从比较熟悉的米业和黄梨[①]业入手。1904年，陈嘉庚以叻币[②]7000元资本起家，在新加坡郊外创办"新利川"菠萝罐头厂，审时度势，亲力亲为。为抓住当时市场对黄梨罐头的需求，他又果断购买了500英亩空地，取名"福山园"，种植黄梨，成为当时新加坡最大的黄梨种植园，产量可供生产黄梨罐头2万余箱。此举不仅稳定了黄梨罐头厂的原料来源，也降低了原料成本，实现利益最大化。陈嘉庚独立经营的第一年，获实利约叻币6万元。

1906年，因黄梨罐头市价下跌，陈嘉庚转向经营熟米[③]。他了解到熟米利润可观，且对南洋一带常见的脚气病有很好的疗效，销路很广，便出资与"恒美"米店经理合作，租房专营熟米。不久熟米价格上涨，业务需求大增，仅仅16个月，共得实利16万余元叻币，这成了陈嘉庚另一个重要经济来源。

陈嘉庚依靠经营黄梨和熟米获得实利后，便着手清偿父亲欠下的债款。当时全部家当只有十几万元叻币的陈嘉庚一下子拿出9万元叻币替父还债，这是他诚信品格的生动写照。

从1904年至1911年，陈嘉庚不仅诚实守信替父还债，而且兢兢业业多元经营，在商海搏击中逐渐成为新加坡一位有实力的华侨企业家。

第三节　开拓创新　橡胶大王

第一次世界大战爆发后，航运紧张，运输困难。1915年，陈嘉庚抓住

---

① 黄梨，即菠萝、凤梨。
② 1845年至1939年，新加坡使用由海峡殖民地发行的"叻币"作为流通货币。
③ 熟米在国外也称"蒸谷米"，是经过蒸煮、干燥等步骤处理，再按常规方法脱壳的营养型大米。

时机发展航运，他先租两艘船运输米谷，解决自己的航运问题；后来又增租两艘船，承接英国政府的运输，仅一年竟获利 20 余万元叻币。于是他直接购置"东丰"轮和"谦泰"轮，经营海上运输，既解决了自己企业的运输问题，也承运了其他商家的货物，获利丰厚，仅 1917 年净利达 90 余万元叻币。他注意到在战争年代黄梨罐头已成为奢侈品，销路不广，自家囤积的产品无法售出，而制造罐头所用的白铁皮需求激增，价格猛涨，他迅速抓住商机，减少黄梨罐头的生产，抛售白铁皮，获利近百万元。

陈嘉庚慧眼独具，判定 20 世纪是树胶的时代。1906 年他购买了 18 万颗橡胶种子，在福山园黄梨树间套种橡胶，开启橡胶业的经营。7 年间他反复购地垦殖，卖出买入，以小易大，扩大橡胶园规模，至顶峰时期，他拥有橡胶园 1.5 万英亩，与李德立、陈齐贤、林文庆并称为"星马殖产橡胶拓荒人"。

橡胶业是陈嘉庚所有经营行业中规模最大、获利最多的行业。随着汽车工业在全球的兴起和橡胶需求的日益增加，1916 年起，陈嘉庚果断地

陈嘉庚公司橡胶制品厂

将黄梨种植改为橡胶种植，将黄梨罐头厂和米厂改为橡胶制品厂，经营种植橡胶，进行生胶加工和熟胶成品的制造，实现了橡胶经营从单一的农业垦殖到兼有制造业的飞跃，并建立产品推销网络，集产供销于一体，这在东南亚是首创，并引发了其他企业的效仿，从而推动了东南亚橡胶业的发展。他还开创英国统治新加坡百年来华侨不通过洋行而直接与欧美商家交易的先例，开辟国际市场，产品远销世界各地。陈嘉庚是东南亚橡胶业的集大成者，被称为"橡胶大王"。

1919 年，陈嘉庚对各企业进行整合，改组成陈嘉庚公司，将自己在海外生产的产品称为"国货"，并注册"钟牌"商标，"钟"里藏"中"，寓意爱国警钟长鸣，唤醒民众勿忘祖国。1925 年，陈嘉庚公司顶峰时，拥有橡胶园 1.5 万英亩，厂房 30 余所，职工 3 万多人，公司分行 80 余间，代理商百余家，分布于五大洲四五十个地区，实有资产达 1200 万元叻币。经过 20 多年的艰苦奋斗，陈嘉庚凭借着过人胆识和非凡的魄力，成为声名远扬的南洋巨商。

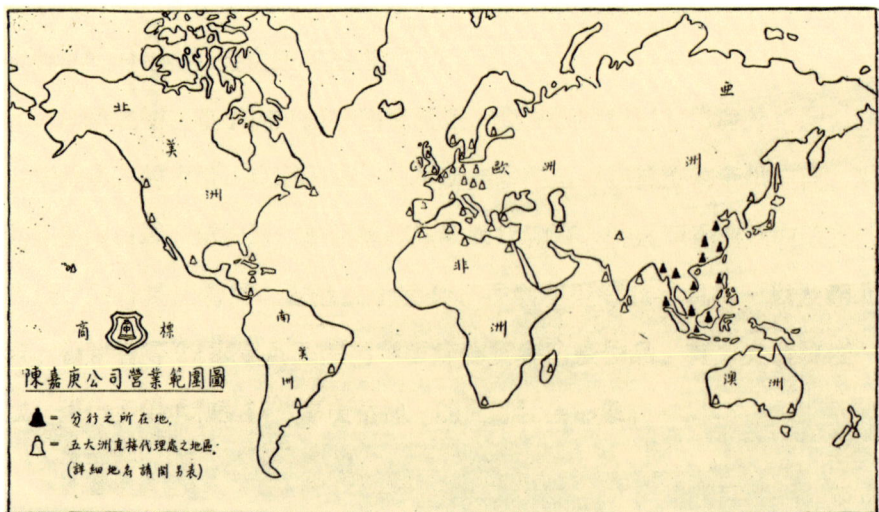

陈嘉庚公司鼎盛时期营业范围分布图

——● 第四节　时运不济　悲壮落幕 ●——

　　1926 年起，胶价大跌，加上外国资本的打击，陈嘉庚公司经营每况愈下。1928 年"济南惨案"爆发，陈嘉庚号召华侨抵制日货，日本奸商雇人纵火焚烧陈嘉庚公司橡胶制造厂。由于世界经济危机的打击，西方财团资本上的钳制，企业经营困境及集美学校、厦门大学办学经费的负担等多重原因，陈嘉庚公司面临严峻的形势。面对企业发展及办学的两难，陈嘉庚毅然作出"企业可以收盘，学校决不能停办"的抉择。1934 年，他在新加坡召开股东非常大会，宣布企业收盘。

　　陈嘉庚从 1904 年独立创业至 1934 年企业收盘，所得利润既不用于个人享受，也不留给子孙后代，几乎全部用于社会公益事业。陈嘉庚的企业虽然收盘了，但他开创的事业后继有人。亲友李光前、陈六使等后起之秀成为陈嘉庚事业坚定的支持者。

第二章　倾资兴学　恪尽天职

陈嘉庚是一位伟大的教育事业家。爱国爱乡是他兴学办教的力量源泉，兴学办教则是他爱国爱乡的生动体现。他认为"教育不振，则实业不兴，国民之生计日绌""国家之富强，全在乎国民，国民之发展，全在乎教育"。他怀着强烈的使命感，毕其一生，倾其所有，在家乡创办集美学校和厦门大学，为国家为民族培养大量栋梁之材；他以"教育侨民子弟，使之勿忘祖国"为己任，在南洋兴办华文教育，是侨教的领袖和功臣。他秉持"爱国始于爱乡，强国必先强民"的信念，为闽南侨乡文教事业的发展殚精竭虑，创造了私人办学的伟大奇迹。

第一节　创办集校　开启民智

1893 年，陈嘉庚奉母命回乡完婚。1894 年冬，陈嘉庚有感于南轩私塾停办后社里儿童求学无门，在乐善好施的母亲和深明大义的妻子支持下，便出资 2000 银圆，在集美创办了惕斋学塾，供本族贫寒子弟入学就读。这是陈嘉庚捐资兴学的开端。

中华民国成立后，1912 年秋，他怀着兴学育才的宏愿从新加坡回国，劝告各房停办私塾，筹办集美小学校，供全社陈姓儿童入学。1913 年 3 月，乡立集美两等小学在陈嘉庚出资修缮的祠堂中正式开学。其后陈嘉庚又出资购买了一个数十亩的大鱼池，填池建校，在秋季开学时让全校师生迁入新址。

創辦集美學校第一座校舍，建於一九一三年，集美兩等小學堂始辦於此。

集美两等小学堂师生在新落成的木质校舍前的合影

　　受辛亥革命和新文化运动的影响，陈嘉庚在创办集美小学的过程中，已胸怀全局，规划好发展方向——为女子创造平等的教育机会，完善教育体系。1916 年，陈嘉庚在经营航运获利后，委派陈敬贤（同胞弟弟）夫妇回乡增办女子小学校和筹办集美师范、集美中学。1917 年 2 月，集美女子小学校顺利开学。小学教育建立后，陈敬贤遵照兄长陈嘉庚对学校的宏大规划和设想——创办师范和中学。1918 年 3 月，集美师范和中学正式开学，学校主要招收来自闽南、闽西和广东潮州、梅县一带的贫寒子弟及南洋侨生。陈嘉庚和陈敬贤制定并颁布"诚毅"校训，希望师生具有实事求是、言信行果的为人之道和刚强果决、百折不挠的处世毅力。集美学校师生尊称陈嘉庚为校主，陈敬贤为二校主。

集美学校校训

1919 年 2 月，陈嘉庚委派陈敬贤创办集美幼稚园。几经周折，幼稚园师生于 1926 年搬入新建的西班牙哥特式园舍，新园舍共计 34 间，配有园艺室、活动室、喷水池，在当时被盛赞为全国幼稚教育之第一建筑物。

陈嘉庚认为"振兴工商的主要目的在报国，但报国的关键在提倡教育"，因此他把振兴实业报效祖国的使命灌注在实业教育的创办上。他深感中国水产、航海业落后，决心创办水产及航海学校，振兴航海业，开发海洋资源。1920 年 2 月，陈嘉庚创办集美学校水产科。1925 年春，集美学校增设航海科，陈嘉庚不惜重金购买 4 艘实习船，供学生操艇练习和在海上采集标本。陈嘉庚在商战中深刻领悟到培养商业人才的重要性，1920 年他创办集美学校商科（1924 年改为商业部）。1926 年，陈嘉庚又在天马山麓开办农林部、添办集美学校女子师范和幼稚师范、设立国学专门部。陈嘉庚因地、因时制宜，构建多种专业的职业教育体系，为国育才，可谓高瞻远瞩。

此外，陈嘉庚也十分重视民众教育，在集美大社（大祖祠）开设通俗夜校和阅报室，还设立集美学校教育推广部，积极扶植闽南地方教育，并号召华侨支援发展家乡教育事业。

1921年2月，陈嘉庚将所创办学校的总校名定为"福建私立集美学校"，至1927年春，集美学校各部改为独立校，共计11所，由集美学校董事会统一领导管理，并设置一系列为师生学习、工作、生活服务的公共设施，包括集美学校所属的医院、图书馆、储蓄银行、科学馆、体育馆、美术馆、教育推广部、水厂、电厂等，形成了从幼稚园、小学、中学到专科，普通教育与职业教育并重，男女学兼备的完整的教育体系和完备的教育设施。

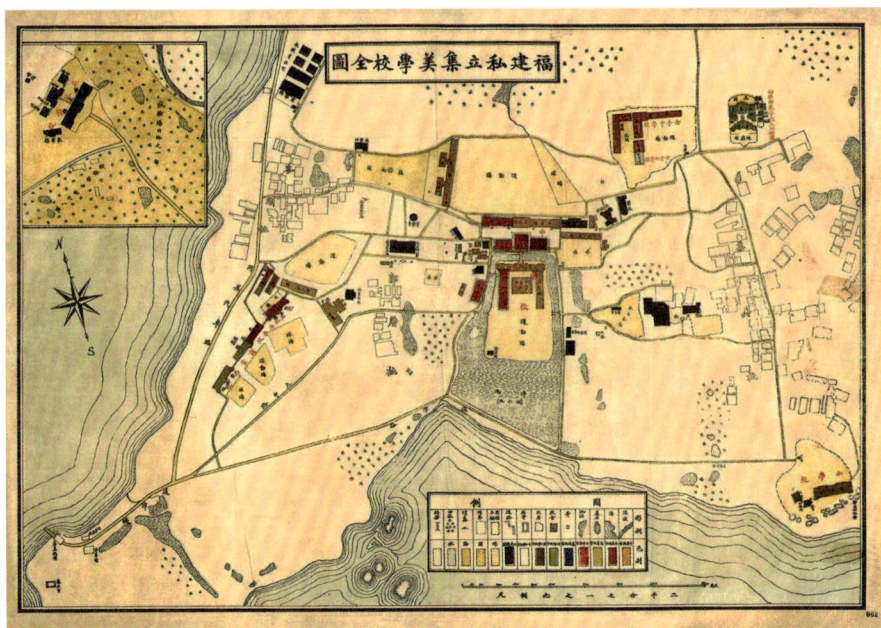

福建私立集美学校全图（1933年）

抗日战争爆发后，集美学校在战火中屡受重创，被迫内迁至安溪、大田、南安等地。内迁后的集美学校在极其艰苦的条件下，克服重重困难，苦苦支撑。1943年，为走出集美学校经费短缺的困境，并遵循陈嘉庚的意愿，集友银行在福建省临时省会永安成立，银行实行"以行养校，以行助乡"，扩大了集美学校的经费来源。集美学校在战火纷飞中坚持办学、弦歌不辍。

第二节　缔造厦大　作育英才

陈嘉庚认为，在家乡闽南创办一所大学非常必要，"何谓根本，科学是也。今日之世界，一科学全盛之世界也。科学之发展，乃在专门大学。有专门大学之设立，则实业、教育、政治三者人才，乃能辈出"。1919 年，提倡民主与科学的五四运动在北京爆发，使陈嘉庚看到了新的希望。他经营的实业正蒸蒸日上，集美学校也初具规模。为实现救国宏愿，他决心在此基础上倾资创办大学。

1919 年夏，陈嘉庚返回故里，亲自撰写《筹办厦门大学附设高等师范学校通告》，向大众阐明筹办厦门大学的动机与目的："鄙人久客南洋，志怀祖国，希图报效，已非一日，不揣冒昧，拟倡办大学校并附设高等师范于厦门。"同年 7 月，在厦门浮屿陈氏宗祠，陈嘉庚召集社会各界 300 余人，倡办厦门大学。他慷慨陈词："民心不死，国脉尚存，以四万万之民族，决无甘居人下之理"，并当场认捐 400 万银圆（相当于他当时的全部资产）。其中，100 万银圆作为筹办费用，300 万银圆作为日常费用。1921 年 4 月 6 日，中国近代教育史上第一所由华侨捐资兴办的大学——厦门大学（在集美学校暂借即温楼，举行开学式）正式开学。

1921 年，陈嘉庚聘请新加坡侨领林文庆继任厦门大学校长。林文庆立"止于至善"为校训，以此规范学生的行为。同时聘请著名教授、学者，组成一支力量雄厚的师资队伍。至 1926 年，厦门大学已成为涵盖文、理、教育、商、工、法六科，下分 19 个系的教学科研机构，是国内科系最全的大学之一。

后来，陈嘉庚在企业遭受重重困难时，先后出售橡胶园、公司股本和三栋已过继给子女的别墅，变卖大厦，维持厦大、支撑厦大运转。1937年，迫于经费不济，陈嘉庚无偿将厦门大学捐献给国民政府，改为国立。"财自我辛苦得来，亦当由我慷慨捐出。"他以高尚的人格建立起一座爱国兴教、倾资办学的巍巍丰碑，彪炳史册，光照后人。

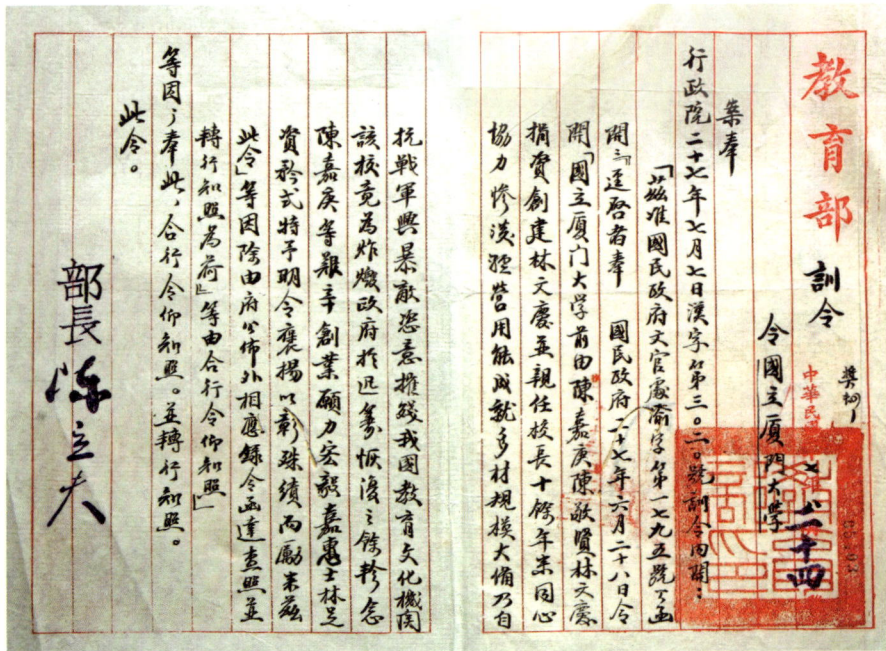

1938年，国民政府教育部转发行政院对陈嘉庚、陈敬贤和林文庆的表彰训令

第三节　南洋办学　教化侨众

早期海外华侨设立私塾、义学、学堂等以教育子弟，后来清末新政时期进行教育改革，倡办新式学校，海外华侨纷纷效仿。陈嘉庚以巨大的

热情资助华侨教育公益事业，支持福建会馆下属的道南、爱同、崇福等校的建设和发展。为了让华侨子女小学毕业后能在当地继续接受华文教育，1918 年，陈嘉庚联络养正学校等新加坡、马六甲 16 所华文小学的总理，在新加坡中华总商会召开特别大会讨论南洋华侨中学筹建事宜，他认捐 1.3 万元，募捐 5 万元。1919 年 3 月 21 日，新加坡南洋华侨中学正式开学，陈嘉庚被选为该校第一届董事长，这是东南亚华侨第一所跨帮系的华文正规完全中学，面向全南洋招生。在陈嘉庚的倡导和影响下，东南亚各地华文中学相继成立，华文小学也得到了进一步发展。

据不完全统计，陈嘉庚在海外先后带头倡办或参加创办了多所华文中小学（道南、爱同、崇福、崇本等小学，华侨中学、南洋帅范、南侨女中等），2 所中等专科学校（水产航海学校、南侨师范学校），资助过 1 所英文中学（英华中学），赞助过 1 所曾拟办的大学（星洲大学），帮助过其他多所华侨学校（如中华女校、南洋女中、南洋大学等）。陈嘉庚积极推动海外华文教育，弘扬中华文化，打破帮派界限，团结广大华侨，对东南亚华文教育作出了卓越的贡献。

第三章　纾难救国　华侨旗帜

抗日战争是中国近代历史上最伟大的维护国家主权的斗争，一切爱国的有识之士、社会各阶层、民族、团体、党派都团结在抗日民族统一战线的旗帜下，同仇敌忾，共赴国难。海外华侨是这场正义战争的一支雄狮劲旅，功勋卓著，陈嘉庚是南洋地区支援祖国抗战最杰出的华侨领袖，也是领导南洋华侨团结抗战的一面不朽旗帜。在他的领导下，南洋华侨以巨大的物力、财力和人力，为祖国抗日战争和世界反法西斯战争的胜利作出了突出的贡献。

第一节　入会同盟　支持革命

20世纪初，以孙中山为首的革命志士在海外积极宣传革命思想，在南洋建立同盟会分会。1909年，陈嘉庚经友人林义顺介绍，在晚晴园与孙中山结识，受孙中山"民族、民权、民生"思想影响，于1910年加入同盟会，这是陈嘉庚政治活动的开始。武昌起义成功后，陈嘉庚与陈楚楠等同盟会会员在天福宫召开闽侨大会，成立福建保安捐款委员会，领导闽侨积极筹款支持福建军政府，并慷慨资助孙中山，投身于中国民主革命洪流中。

1923 年，陈嘉庚当选怡和轩俱乐部总理（后改称主席）。在他的改革下，怡和轩俱乐部吸纳新马侨领和杰出人物，积极参与社会公益事业，在新马华侨社会具有较大的影响力和号召力。1928 年 5 月的"济南惨案"令新加坡华侨社会为之震惊。以怡和轩俱乐部为主的新加坡 101 个华侨社团积极响应陈嘉庚的号召，联合发起成立"山东惨祸筹赈会"，组织侨胞捐款救济受伤军民。陈嘉庚还率先在其创办的当时新加坡最大的华文报纸——《南洋商报》上大力提倡国货，号召抵制日货，在华侨社会产生重要的影响。筹赈会历时 9 个月，各埠华人捐款达 500 万国币。这次活动的规模和影响是空前的，极大提高了陈嘉庚在新马华侨社会的影响力。

1929 年 2 月，陈嘉庚被推选为新加坡福建会馆主席。福建会馆经陈嘉庚的改组后，积极开展社会公益活动，作为福建人的宗乡组织，不仅促进了闽帮的团结，而且促进华人帮群社会的整合。它使闽帮由此成为东南亚华人社会赫赫有名的一大帮，也奠定了陈嘉庚在闽帮乃至东南亚华社的领导地位。1931 年，九一八事变爆发，作为新加坡福建侨团领袖，陈嘉庚毅然挺身而出，呼吁华侨爱国大团结，努力消除华侨社会各帮派间的隔阂，他说："全侨之团结，关于爱国心理之演进者甚大……爱国与人民团结，实有至大关系。要爱国必须团结，既团结尤要爱国。何以言之，爱国而无团结，则如一盘散沙，力量奚以集中。既团结而不爱国，则团结亦属空泛。"[1]他高举爱国团结旗帜，积极组织华侨抵制日货，开展反日宣传；积极向华侨募捐巨款支援抗日；大力推动华侨开展爱国救乡运动。陈嘉庚在一系列救亡图存运动中逐渐建立起了崇高的威望和领导地位，成为南洋华侨社会深孚众望的领袖人物。

---

[1] 雷克啸：《陈嘉庚精神》，福州：福建人民出版社，1999 年 9 月，第 46 页。

第二节　统领南侨　抗日救亡

　　1937 年，全面抗战爆发后，南洋各地抗日救亡活动进入高潮。1938 年，在菲律宾侨领李清泉、印度尼西亚侨领庄西言提议和国民政府的支持下，陈嘉庚出面组织南洋华侨筹赈总机关。同年 10 月 10 日，来自新加坡、马来亚、荷属东印度群岛（印度尼西亚）、菲律宾、暹罗（泰国）、缅甸、越南等南洋各地区 45 埠 168 人汇集新加坡南洋华侨中学礼堂，参加南洋华侨史上空前的爱国盛会——南洋各属华侨筹赈祖国难民代表大会，大会决议成立"南洋华侨筹赈祖国难民总会"（简称"南侨总会"）。作为南洋华侨抗日救亡的最高领导机关，南侨总会总机关设在新加坡，直接领导的下属分支机构有 68 个。大会公推陈嘉庚为主席，庄西言、李清泉为副主席，办事处设在新加坡怡和轩俱乐部。大会号召南洋华侨大敌当前要实现大团结，并制定《筹赈办法举要》，决定各埠分会每月义捐 400 余万元国币直至抗战结束，有计划有组织地安排开展支援祖国抗战活动。南侨总会的成立是"南洋华人抗日运动的新纪元"，这是南洋华侨冲破地域观念、共同抗日救国大团结的标志。陈嘉庚成了团结千万侨胞、领导抗日救亡运动的一面旗帜，成了统领整个东南亚华侨的领袖。

　　在陈嘉庚的领导下，南侨总会积极发动南洋华侨以财力、物力、人力支援祖国抗战，其中贡献最大的是募捐和侨汇。据统计，从 1937 年到 1941 年底，华侨汇款平均每年在 10 亿元左右，这笔巨大的外汇收入，后来被日本政府及学者称为"抗日战费"。在当时国际援助十分有限的情况下，华侨捐款、购买公债以及侨汇成为国民政府外汇收入的主要来源，是支持抗战的重要财政支柱。而南侨总会抗战募捐又是海外华侨募捐中表现最踊跃、捐献比重最大的，有力支援了祖国抗战。在物力方面，南洋华侨源源不断地捐献各种物资，从飞机、坦克、救护车等车辆，到被褥毛毯、冬夏服装，乃至各类药品等国内短缺的战争和生活用品，品种齐全，方式多样，有力地支援了祖国抗战，一定程度上奠定了中国抗战胜利的物质基础。

为了保障抗战前线获得战略物资，南洋爱国华侨青年积极响应南侨总会主席陈嘉庚的号召，回国担任司机和修车机工（简称"机工"）支援抗战。通过南侨总会应募回国服务者有3200多人，超过原计划的近6倍，他们分批回国，在异常崎岖艰险的滇缅路上，克服千难万险，置生死于度外，夜以继日抢运战略物资，确保这条抗日生命线的畅通。

1938年，时国民党副总裁汪精卫公然主张与日言和，陈嘉庚多次规劝无果。在事关国家民族前途的大是大非面前，陈嘉庚不因私交而缄默，他敢言人之不敢言，敢为人之不敢为，向第二次国民参政会提案："在敌寇未退出国土以前，公务人员任何人谈和平条件者当以汉奸国贼论。"这份电报提案是掷向投降派的一颗重磅炸弹，被邹韬奋誉为"古今中外最伟大的一个提案"。在海外华侨中掀起了一场轰轰烈烈的讨汪运动。

1939年冬，我国沿海重要港口相继沦陷，海外华侨与祖国的联系受阻。为了鼓舞祖国同胞抗战和了解国内形势，以激励侨胞支援祖国的热情，1940年2月，陈嘉庚发起组织"南洋华侨回国慰劳视察团"（简称

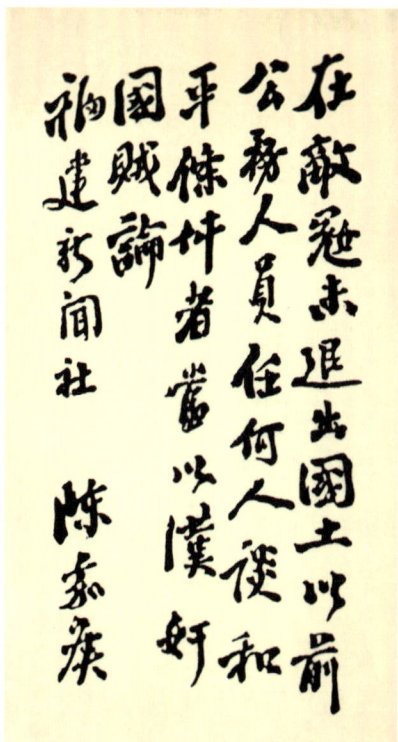

陈嘉庚致国民参政会提案

"慰劳团")。慰劳团于1940年3月出发,慰劳团成员陈嘉庚与南侨总会副主席庄西言、南侨总会秘书长李铁民等由仰光飞赴重庆,在重庆机场受到各界热烈欢迎。

1940年3月26日,重庆各界到机场欢迎陈嘉庚(前排中)等南侨回国慰劳团成员

在重庆考察一月余,其间,陈嘉庚与蒋介石等国民党军政要员及各界人士见面、会谈,参观考察西南运输公司运输站、化学制造厂、军械厂、工业合作社、造纸厂等,一方面了解国内抗战情况,另一方面表达海外华侨对祖国军民的慰问之情。考察期间,令陈嘉庚最不满的是国民党军政要员府邸之富丽堂皇、生活之奢华,政府要员假公济私、贪污腐败。

慰劳团在重庆参观访问后,分三团前往各地进行慰劳工作。陈嘉庚同侯西反、李铁民往成都、兰州、西宁、西安访问考察,沿途所见"前方吃紧,后方紧吃"的景象,令他伤感不已,也坚定了他前往延安的决心。

延安各界

熱烈歡迎陳嘉庚

陳氏演說堅持團結抗戰

毛澤東同志特設席歡宴

（本報延安通訊）南洋華僑領袖、國民參政員陳嘉庚及科科長李鐵民、侯西反、蔣家俊先生等一行，井陝省府特派陪送陳侯諸先生之第一，於五月卅一日下午五時由洛川抵延安，此間各界事先聞訊，齊集南門外迎接，計有參政員王明、吳玉章、陝甘寧邊區副主席高自立、×路軍後方留守處主任蕭勁光，以及所屬各機關代表，各黨派團體，各學校，共三千餘人。陳等一行到達下車後，即與列隊歡迎者領首為禮，陳氏雖已年邁，然精神矍鑠，步履甚健，略事休息後，即出席延安各界歡迎大會。山高自立主席致歡迎詞後，即請陳嘉庚先生講話。略謂：抗戰一定要堅持下去，團結一定要加緊，才能激勵僑胞愛國之心，領袖幫助祖國抗戰，漢奸汪精衛份子一定要剷除之。蕭勁光六月一日下午六時，中共領袖毛澤東設歡宴宴請陳氏等，山朱德將軍及王明同志等作陪，席間賓主談笑頗歡。陳氏擬在延勾留數日，參觀當地各種建設，即將賓主返西安後，赴臨潼遊覽，轉前方慰軍。（中央社西安十七日電）陳嘉庚等返西安後，由侯西反、李鐵民、譯家駿、蕭勁光等作陪，十七日晨返省，晚十二時半，乘隴海車赴洛陽，轉前方慰軍。

延安各界热烈欢迎陈嘉庚的新闻报道

1940 年 5 月 31 日，陈嘉庚一行抵达延安，受到延安各界人士的热烈欢迎。陈嘉庚原计划在延安逗留三四天，因李铁民受伤住院而延滞几天，这让陈嘉庚有更多时间了解延安、了解中国共产党。

百闻不如一见，陈嘉庚在延安考察八天，亲见这里军民艰苦朴素、同仇敌忾、市景秩序井然、治安稳定，领导亲民廉洁、言行一致。延安种种的新气象，与重庆形成了鲜明的对比。在与毛泽东、朱德的多次会面与交谈中，陈嘉庚感受到两位领导人以身作则的朴素生活作风及平易近人的亲民爱民形象，及其拥护国共团结合作的抗日统一战线的诚恳态度以及坚持抗战到底的立场和决心。怀着"喜慰莫可言喻，如拨云雾见青天"的心情，陈嘉庚离开延安之后热情地向国内外宣传自己在延安的所见所闻，宣传陕甘宁边区建设所取得的伟大成就，认定"中国的希望在延安"，开始义无反顾地拥护和支持中国共产党。延安之行是陈嘉庚一生中最大的一次政治转折。

　　1941 年 12 月，太平洋战争爆发。英军不战而退，新加坡岌岌可危。陈嘉庚临危受命，在新加坡组织成立了"星洲华侨抗敌动员总会"，领导华侨开展轰轰烈烈的抗敌救援活动，保卫侨居地。直到日军占领新加坡前夕，陈嘉庚才离开新加坡。

1941 年 12 月，"星洲华侨抗敌动员总会"成立，此为英殖民政府首次授权华侨代表人物主持抗日工作。图为会后陈嘉庚（前排中）与马来半岛英军总司令白思华中将（前排左一）、皇家空军远东总司令官布福少将（前排右一）等人的合影

　　在包括厦大、集美校友在内的爱国华侨及其眷属等人的掩护下，陈嘉庚在印度尼西亚多次辗转迁移，化名"李文雪"，同黄丹季与郭应麟、林

翠锦夫妇及其两幼女等组成一个特殊家庭，最后在玛琅匿居下来。在日寇疯狂搜捕的危境中，陈嘉庚镇定自若，临危不惧，随身携带剧毒氰化钾，随时做好宁为玉碎不为瓦全的准备。匿居期间，陈嘉庚凭借惊人的毅力，完成30余万字的长篇巨著《南侨回忆录》，该书记录了南洋华侨抗日救亡的历史和贡献，为后世留下了珍贵的史料。日本战败后，他又组织调查沦陷期间侨胞所受生命财产损失情况，汇编《大战与南侨》一书，详细记录"二战"期间南洋侨胞在沦陷区为抗战所作的巨大贡献和牺牲，为马来亚华侨抗日研究提供了重要的史料。

1945年10月6日，陈嘉庚安全返回新加坡的消息传开后，海内外爱国同胞以各种方式热烈庆祝他的安全归来，毛泽东盛赞陈嘉庚为"华侨旗帜、民族光辉"。陈嘉庚在民族危难之际领导南洋华侨始终与祖国人民同呼吸、共命运，团结抗日，赤胆忠诚，充分展现出崇高的爱国主义精神和强烈的民族责任感，不愧为杰出的爱国华侨领袖，深得海内外人民的拥护和爱戴。

第三节　主张和平　要求民主

抗战胜利后，国家前途、民族命运是海内外中华儿女共同关注的问题。回到新加坡后，陈嘉庚奔走呼号：反对独裁政治，呼吁民主；以南侨总会主席的名义致电美国总统杜鲁门，要求美国停止支援国民党发动内战；创办《南侨日报》，为和平民主鼓与呼。

为了让广大华侨了解国内真相，明辨是非，在南洋各界爱国人士的积极推动下，陈嘉庚于1946年11月21日正式刊行《南侨日报》，他在创刊号《告读者》中言简意赅地阐明了办报的宗旨，即"我海外华侨本爱国真诚，求和平建设，兹故与各帮侨领，创立《南侨日报》，其目的在团结华侨，促进祖国之和平民主，俾内战早日停止，政治早日修明，国民幸福早日实现，以达到孙国父建国之主旨"。陈嘉庚通过《南侨日报》发表了许多专论和演讲词，积极呼吁广大华侨团结起来，反对独裁，为建立和平、独立、民主的新中国而努力。《南侨日报》在陈嘉庚的领导下，成为南洋爱国华侨的重要舆论阵地，为中国民主革命的胜利作出了重要贡献。

第四章 鞠躬尽瘁 民族光辉

爱国主义精神是贯穿陈嘉庚一生的主线，是陈嘉庚一生恪守的信念，从支持孙中山辛亥革命、经营实业倾资办学到领导南洋华侨支援抗日战争，陈嘉庚在国难深重的时候总能为国分忧，当新中国曙光即将到来时，陈嘉庚的爱国主义精神进一步升华，迟暮之年仍决意回国，满腔热情地为新中国建设奋斗到生命的最后一息。

第一节 回国定居 参政议政

随着解放战争局势的重大转变，1948 年 4 月 30 日，中共中央发布纪念"五一"劳动节口号，号召"各民主党派、各人民团体、各社会贤达迅速召开政治协商会议，讨论并实现召集人民代表大会，成立民主联合政府"。5 月 4 日，陈嘉庚主持召开新加坡侨团大会、在海外率先响应"五一口号"，并代表新加坡侨团致电毛泽东："本大会……坚决否认蒋介石为总统，并一致决议，通电响应贵党号召，盼早日召开新政协会议，迅速建立联合政府，以解除人民痛苦，保障华侨利益。"[①] 毛泽东在诸多华侨来电中

---

① 中国人民政治协商会议全国委员会文史资料研究委员会：《五星红旗从这里升起》，北京：文史资料出版社，1984 年，第 192 页。

回复了以陈嘉庚为首的新加坡侨团，并于 1949 年 1 月 20 日电邀陈嘉庚回国参加新政协筹备会。拳拳赤子心，殷殷报国情，76 岁高龄的陈嘉庚在庄明理、张殊明等人的陪同下，满怀热情地踏上了回国之路。

1949 年，新政协筹备会常务委员在中南海合影，前排左起：谭平山、章伯钧、朱德、毛泽东、沈钧儒、李济深、陈嘉庚、沈雁冰；二排左起：黄炎培、马寅初、陈叔通、郭沫若、蔡廷锴、乌兰夫；三排左起：周恩来、林伯渠、蔡畅、张奚若、马叙伦、李立三

　　陈嘉庚作为华侨首席代表出席新政协筹备会，参与讨论拟定国旗、国徽及国歌等方案。新政协筹备会过后，他便前往东北地区进行长达两个多月的深入考察，沿途所见所闻都在复兴建设中，心中颇感欣慰。1949 年 9 月 21 日至 30 日，中国人民政治协商会议第一届全体会议召开，陈嘉庚当选中国人民政治协商会议第一届全国委员会常务委员。会议期间，他结合游历东北所观所感，从维护海外华侨权益和为新中国建设发展角

度，提了七项具有建设性的提案，均被大会接受并交中央人民政府处理。

1949 年 10 月 1 日，陈嘉庚参加了中华人民共和国中央人民政府成立典礼。同年 10 月底他再次启程，开始南下之行，亲眼见证了各地社会和生产秩序逐渐恢复之状，朝气蓬勃的景象与 1940 年回国慰劳所见的残瓦颓垣形成鲜明对比，心中不免感到欣喜和慰藉。

1950 年 2 月，陈嘉庚返回新加坡，在新加坡中华总商会举行的欢迎大会上作了题目为"回国观感"的演讲，向华侨报告了新中国成立的盛况，以及在军事、政治、农工业、文化教育和人民生活等方面的成就，表明新中国的前途无限光明。随后又将这次回国考察见闻整理成文章通过《南侨日报》发表，后汇编成《新中国观感集》，附录《住屋与卫生》《民俗非论集》两文，印行 70 万册，在海内外广泛宣传新中国的新面貌。1950 年 5 月，陈嘉庚惜别家人，告别侨居近 60 年的新加坡，满怀希望与豪情，在古稀之年回国定居，为新中国建设再"尽国民一分子之天职"。

回国定居后，他结合自己多年积累的实业经验和在祖国各地的游历调研，提出了很多符合当时国情的政策建议，涵盖工业、外交、教育、侨务等内容，大多为中央人民政府采纳，为新中国建设作出了重要贡献。

陈嘉庚重视调查研究，1955 年 7 月至 12 月，在庄明理、张楚琨、张其华等人的陪同下第三次到祖国各地考察，对沿途所见的新气象十分欢喜，他对庄明理说："新中国成立后，我们每次所到的地方，所看到的各方面的情况，都一次比一次进步，新气象、新建设多到不胜枚举。像这样的情况，的确使人感到愈看愈欢喜。"[①] 在历时 5 个多月的参观考察中，陈嘉庚将沿途所见所感及时反馈给毛泽东、周恩来和人大常委会，并附上 15

---

① 庄明理：《悼念陈嘉庚先生》，载《陈嘉庚先生纪念册》，陈嘉庚先生纪念册编辑委员会编，1961 年，第 30 页。

项提案建议，发表《伟大祖国的伟大建设》一文，介绍视察 16 个省区 30 多个城市的见闻和感想。

━ · 第二节　寸心春晖　建设家乡 · ━

陈嘉庚在海外漂泊了大半生，1950 年回国后因惦念集美学校和厦门大学的修复与建设，决定回家乡集美定居。除了参与国家大事的商讨，他把大部分时间和精力都投入集美学校的复兴、集美学村的建设及厦门大学校舍的扩建上，并对福建的建设贡献真知灼见，为福建发展和人民生活的改善尽心尽力。

厦门解放不久，国民党军机轰炸集美学校，损失惨重，陈嘉庚回乡定居后，便着手修复遭到战争破坏的各校校舍，并开展大规模的校舍扩建工作。因"修复集美学校的校舍和扩建厦门大学的规模，需要很多资金，这主要靠向海外亲友筹集。争取侨汇既有利于学校建设，又有利于社会主义建设，一举两得"。[①]陈嘉庚亲自写信与海外亲友联系，筹措建设经费，并通过侨汇存入集友银行，以资生息，以息养校，减轻国家教育投入的负担，恢复并维持学校的发展。据统计，陈嘉庚回国定居 11 年间，"为了修建和扩建厦门大学和集美学校两校校舍，并落实周总理关于'号召华侨多寄侨汇，帮助祖国社会主义建设'的指示，而不遗余力地向海外亲友筹集资金。据估计：包括为南安国光学校争取的校费在内，他前后争取的侨汇在港币三千万元以上"。[②]陈嘉庚的一生为集美学校和厦门大学的建设发展

---

① 邱方坤：《陈嘉庚解放后筹划办学经费纪实》，载《回忆陈嘉庚——纪念陈嘉庚先生诞辰一百一十周年》，全国政协文史资料研究委员会、中华全国归国华侨联合会、福建省政协合编，北京：文史资料出版社，1984 年，第 259 页。

② 邱方坤：《陈嘉庚解放后筹划办学经费纪实》，载《回忆陈嘉庚——纪念陈嘉庚先生诞辰一百一十周年》，全国政协文史资料研究委员会、中华全国归国华侨联合会、福建省政协合编，北京：文史资料出版社，1984 年，第 264 页。

呕心沥血，数十年如一日。

陈嘉庚在主持两校校舍的修复和扩建时，事必躬亲，使集美学校不仅很快得到恢复而且发展迅速。从 1950 年至 1961 年，除政府拨款外，陈嘉庚共筹措资金 575 万元，新建大批校舍和公共设施，扩建了图书馆、科学馆、医院、电厂、自来水厂，新建南薰楼、道南楼、海通楼、福南大会堂和鳌园等，修、扩建面积达 16 万平方米，是新中国成立前校舍总面积的 3 倍多。

陈嘉庚尽管已经把厦大捐给国家，但对厦大发展的关心却丝毫未减。1950 年，考虑到厦大扩建工程规模大，他特地成立厦大建筑部，招收闽南各地的石匠、木匠、泥水匠千余人，组建基建队伍。其间，他每星期从集美寓所轮渡到厦大工地巡视两次，不论严寒酷暑，风雨无阻。从 1950 年至 1955 年共建成校舍 24 幢，包括建南楼群、芙蓉楼群、国光楼群、丰庭楼群以及厦大医院、海水游泳池、运动场等，其中最为壮观的是"一主四从"的建南楼群，"像一个巨人张开双臂屹立在厦门港口东海之滨的小山上"，有海纳百川之气势。他说："台湾统一后，将有万吨十万吨的外国和本国的轮船从东海进入厦门，让他们一开进厦门港就看到新建的厦门大学，不，看到新中国的新气象……"① 陈嘉庚为厦门大学的发展深谋远虑，擘画蓝图。

当新中国百业待举，各地掀起建设热潮时，陈嘉庚也积极参与推动福建的建设与发展。他认为福建山多田少，交通不便，严重影响福建经济的发展，影响了海外福建华侨和家乡的往来。1950 年，全国政协一届二次会议期间，陈嘉庚提出修建福建铁路的建议并获得通过。1952 年，陈嘉庚又致函毛泽东，陈述了福建修建铁路的必要性和重要性，鹰厦铁路最终被列

---

① 陆维特：《巨大的贡献 难忘的功绩——解放后陈嘉庚扩建厦门大学的若干回忆》，载《回忆陈嘉庚——纪念陈嘉庚先生诞辰一百一十周年》，全国政协文史资料研究委员会、中华全国归国华侨联合会、福建省政协合编，北京：文史资料出版社，1984 年，第 212 页。

入第一个五年计划。1955 年 2 月，鹰厦铁路动工，1956 年 12 月建成通车。其间，陈嘉庚还提议修建一条连接厦门高崎与集美半岛的高集海堤和一条连通鹰厦铁路的杏集海堤，这不仅有利于厦门经济发展和海防战备需要，而且能促进闽西南经济的发展。此外，他还对福州、厦门的城市建设及厦门港规划提出一些建议供有关部门决策参考，多项提案均得以落实，如制定修建福州自来水厂工程方案，解决了福州市民长期用水难的问题；提议在福建发展纺织工业，扩大就业和出口创汇，建立厦门杏林纺织厂；带头动员集美全镇居民填平房前屋后的私厕，砌成 76 座公厕，改善居民环境卫生；撰写《厦门的将来》，分析厦门港的优势与发展意义并规划筼筜港建设等。

── 第三节　爱侨护侨　心系统一 ──

新中国成立后，作为华侨首席代表，陈嘉庚不遗余力地为华侨代言，积极维护华侨的合法权益。在全国政协会议上，他说出了海外侨胞的心声："华侨一向期望祖国独立、自由、民主、强盛，现在这个希望完全成为事实了……华侨已经不是所谓'海外孤儿'，而已经有了一个伟大的慈母，这就是伟大的中华人民共和国"，他提议，"早日建立外交关系，派出使领，以正常外交手续，予以切实保护"。陈嘉庚衷心拥护《中华人民共和国宪法草案》第九十八条"中华人民共和国保护国外华侨的正当的权利和利益"，说："我看有这一条就很好，就够了，再多了不是做不到，就是不必要。宪法草案有这么一条，对于国外华侨就是很大的鼓舞。"他高度赞赏宪法草案对海外华侨的重视和保护，相信有了宪法的保护，势必增强海外华侨的自信心，使他们更加团结、更加热爱祖国。

作为华侨领袖，陈嘉庚始终高举民族团结旗帜，号召海外华侨积极参与祖国的社会主义建设事业。1956 年 10 月，陈嘉庚当选中华全国归国华侨联合会主席，他认为归国华侨联合会应更广泛地团结和组织归侨、侨眷和华侨，加强社会主义教育，进一步鼓励并帮助他们参加祖国建设事业。此前在 1956 年 9 月 20 日，陈嘉庚即撰写《倡办华侨博物院缘起》一文并带头认捐 10 万元，同时通告海内外，号召侨胞捐款捐物以创办一个有别于学校教育的文化机构——一所华侨集资兴建的博物馆。他说："这是我们

1959 年，华侨博物院开幕典礼上陈嘉庚（前排中）与来宾留影

效力祖国建设的绝好机会，无论你们已回到国内，或还在海外，应该各本各人的力量，肩负起责任来帮助祖国做好这一建设。"动员海外华侨共同参与社会主义文化建设，兴建一所华侨设立的博物馆，使其成为祖国同海外侨胞联系的桥梁和思想情感的寄托之地，可见陈嘉庚之深谋远虑。1959年5月14日，我国第一座由华侨集资兴建的文博机构——华侨博物院在陈嘉庚的倡办下正式对外开放。

陈嘉庚为新中国侨务工作殚精竭虑，他鼓励华侨回国投资，参与新中国建设；向中央建议创办华侨补习学校，并在集美学村创办侨属子弟补习学校，为华侨子弟创造上学条件；鼓励华侨加入住在国国籍，公开谴责1959年印度尼西亚排华暴行，并及时领导安置受迫害的印度尼西亚归侨等。他一生爱侨护侨，与侨胞心连心。

解决台湾问题，实现祖国统一大业是陈嘉庚晚年时刻关心的问题。陈嘉庚一生目睹台湾从清政府时期割让给日本到蒋介石依靠外部势力盘踞，无不痛心和愤慨。他多次发表谈话，论述台湾与大陆的历史渊源，反对外国势力干涉中国内政。他呼吁所有的爱国同胞："对推动和平解放台湾的事业，应该和祖国人民一道，担负起应负的责任。"他还动情地以老同盟会成员身份回顾与海外国民党人参加同盟会、亲密合作、共同抗日的经历，呼吁海外国民党人以国家民族大义为重，共同推进和平解放台湾的事业。陈嘉庚将这个心愿镌刻在他亲手设计建造的鳌园内集美解放纪念碑前的石壁上，请石匠刻录了《台湾省全图》，并附刻其晚年亲撰的《台湾史略》，宣示台湾自古以来是中国领土的事实，饱含了他对实现祖国统一大业的期盼。即使在弥留之际，他仍念念不忘祖国统一大业，留下了"最要紧的是国家前途，应尽早解放台湾，台湾必须归中国"的遗愿。

陈嘉庚从旧民主主义革命者，转变为新民主主义革命者，最终转变为拥护社会主义的爱国者，坚决拥护中国共产党，支持新中国的内外政策，始终高举民族团结的旗帜，与中国共产党风雨同舟，肝胆相照，荣辱与共。

1961年8月12日，陈嘉庚在北京与世长辞。他生前三立遗嘱交代身后事，始终牵挂各项事业，尤其是国家的前途和集美学校的未来。

巨星陨落，他的精神将永远感召和凝聚海内外中华儿女的心，激励着海内外中华儿女为实现中华民族伟大复兴的中国梦奋勇前进。

斯人已逝，他的名字将永远铭记在海内外中华儿女的心间，永远镶刻在宇宙星辰之间，闪耀天地，光耀千秋！

1961年8月12日，陈嘉庚在北京逝世，党和政府在中山堂为陈嘉庚举行公祭大会，周恩来、朱德等参加执绋

1961年9月10日，新加坡中华总商会联合各界追悼陈嘉庚的大会现场

1961年，香港各界追悼陈嘉庚的大会

石斛兰
纪念陈嘉庚
长扬正气
在人间

以"陈嘉庚"命名的石斛兰"陈嘉庚花"

第二篇

光荣八十载

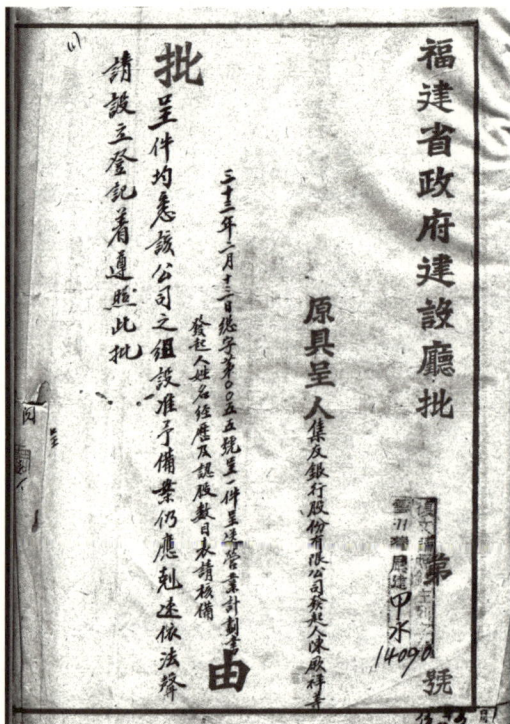

福建省政府建设厅关于集友银行准予备案的批文（1944年2月22日）

陈嘉庚（左）与李光前（中）、陈六使（右）合影

1943 年，一家名为"集友"的侨资银行在福建省临时省会永安诞生，它的创立与一所学校和一群人密切相关。这所学校是陈嘉庚创办的集美学校，这群人是以陈嘉庚的亲友和集美学校、厦门大学校友为核心的有识之士。这些陈嘉庚的追随者和襄助者，为集美学校的发展，为实现助学兴邦的理想，设立集友银行。它的诞生开创了"以行养校、以行助乡"的盛举，也为华侨金融事业增添了生力军。

自诞生开始，集友银行就在华侨旗帜陈嘉庚的引领下，朝着"以行养校、以行助乡"的方向奋勇进发，追逐梦想。从永安启航，到香港扎根，经历了抗战烽火、改革开放、香港回归，与祖国共成长，与时代同进步。一路走来，"嘉庚精神"和银行创行宗旨薪火相传，激励着一代又一代集友人不断传承跨越，将自身的力量汇入实现中华民族伟大复兴的宏伟进程中！

第一章　筚路蓝缕　以启山林

集友银行诞生的 1943 年，世界反法西斯战争形势开始发生重大变化，中国抗战已度过最困难时期，进入战略反攻阶段。由于连年战争带来的巨大消耗和破坏，中国经济极为困难。彼时，在战火硝烟中坚持办学的集美学校也面临着经费紧缺的困境。

当时，集友银行的创办者们为"谋集美学校永久经济基础""确立华侨资金与祖国建设事业联系合作之初基""联合侨商返国投资，助长祖国复兴事业"，发起创办一家以兴邦助学为主要目标的银行，可以说切中了时代的脉搏。此举不但为陈嘉庚爱国兴学的事业开创了一条"以行养校、以行助乡"的路径，而且为联结华侨资金回国助力祖国复兴架设了桥梁。

于是，集友银行总行在福建永安成立后，创办者们怀着满腔爱国热情，以无比的勇气和毅力，克服种种困难，陆续在东兴、柳州、泉州、漳州、福州等地开设了多个分支机构，建立横跨闽、粤侨乡的分行网络。1945 年，抗战胜利后，集友银行总行由永安迁往厦门。1947 年，解放战争时期，经济走向崩溃。集友银行的主事者在陈嘉庚的支持下，果断决定到当时经济已逐渐复苏的香港创业。这个决定对集友银行的发展产生了深远的影响，依托厦门和香港的两大分支，逐渐形成联通闽港、内外联动的新格局。

第一节 永安奠基 诚毅前行

集友银行的故事应该从 1942 年陈嘉庚号召亲友汇款回国说起。1941 年太平洋战争爆发，同年 12 月，日军对马来半岛发起攻击。1942 年春，身在新加坡的陈嘉庚感到"此间战事甚形危险"[1]，于是劝说陈六使、李光前等亲友汇款回国，一方面是为了他们的财产安全，另一方面是考虑到这些资金可以帮助战后祖国、家乡各项事业的发展。为此，他致函陈六使，提出战后用这些资金创办银行和实业、吸纳南洋闽侨资金、帮助祖国发展实业的设想："抗战胜利后，再招多少，可在本省或即在厦门，开一福建兴业银行，然后由此银行发起招股，创办轮船公司、保险公司，或闽南铁路、安溪铁矿及石灰厂，与其他有关民生事业。不但帮助国家发展实业，而南洋闽侨，方有投资祖国之机会。"[2]

陈嘉庚的倡议得到了陈六使和李光前的积极响应。

陈六使（1897—1972），福建同安人。陈嘉庚族弟，陈嘉庚忠实的追随者和襄助者。曾就读于集美学校。少年时期前往新加坡，在同乡前辈陈嘉庚的工厂工作，并受到陈嘉庚的栽培，后自创益和公司，大力发展树胶生意，成为新马树胶界巨子。陈六使还先后创办或合资经营多家银行，历任新加坡华侨银行董事、香港集友银行董事主席，与新加坡大华银行创始人连瀛洲等共同创办华联银行，成为东南亚著名华人企业家与银行家。1950 年，陈六使出任新加坡中华总商会会长及福建会馆主席，在任期间，他为华人争取公民权，鼓励民众参选参政，推动华人融入当地社会。1953 年，创办中国以外地区（海外）第一所华文大学——南洋大学，深受侨界尊敬。

---

[1] 陈嘉庚：《南侨回忆录》，北京：中国华侨出版社，2014 年，第 351 页。

[2] 陈嘉庚：《南侨回忆录》，北京：中国华侨出版社，2014 年，第 351 页。

李光前（1893—1967），福建南安人。陈嘉庚长婿，亦为陈嘉庚得力的助手和襄助者。当代东南亚地区杰出的华人企业家、教育家和慈善家。自 20 世纪 20 年代起，在新加坡、马来西亚等地大力发展橡胶、菠萝种植加工企业，并投资金融业，逐步形成实力雄厚的南益集团。曾任新加坡中华总商会会长、马来亚中华商联总会会长。1947 年领导新马地区反"马来亚新宪制"人民民主运动，成为新马民族独立运动的最早发起者。热心祖国和侨居地文教、公益事业。捐巨资在故乡建设"国专学村"，大力支持厦门大学、集美学校和华侨大学。捐巨资支持新加坡华侨中学、马来亚大学、南洋大学以及倡建新加坡国家图书馆等。拨巨款设立李氏基金会，收益用于文化教育、卫生慈善事业。1962 年，任新加坡大学首任校长。为嘉奖他的贡献，马来西亚最高元首授予其丹斯里勋衔。

1920 年，李光前（前排左四）与陈嘉庚长女陈爱礼（前排左五）喜结良缘

在陈嘉庚的倡议下，最终，陈六使决定汇出 700 万元、李光前汇出 100 万元、陈嘉庚长子陈济民和次子陈厥祥共汇出 55 万元，共 855 万元法币。因为英殖民当局实行严格的外汇管制，该款以南侨总会的名义通过新加坡中国银行汇给财政部转交闽南救济会陈村牧①、陈水萍②收。陈六使在汇款时说明，他的款项"集美学校如需用，可以支取"③。

这笔汇款确实解了集美学校的燃眉之急。全面抗战爆发后，集美频遭日军轰炸，集美学校被迫内迁到安溪、大田和南安等地，在师资不足、经费短缺等诸多困难下坚持办学。据当时主持校政的校董陈村牧回忆："播迁时期学校所遇到的最严重的困难，就是经济问题。尤其是自太平洋战事发生、新加坡沦陷后，学校的经济来源断绝实在是一个致命的打击。"④ 对于急需经费的集美学校来说，这笔汇款无疑是雪中送炭。汇款人陈六使、李光前、陈济民、陈厥祥不仅是校主陈嘉庚的亲友、子女，有的还是集美学校、厦门大学的校友。一时间，新加坡校友汇款给集美学校的消息通过校刊《集美周刊》传遍全校，大大鼓舞了师生们。

如何使用这笔钱？经校董陈村牧和当时在永安的陈嘉庚的长子陈济民、次子陈厥祥及部分校友商议，"为谋集美学校永久经济基础起见"⑤，决定以此款投资中国药产提炼有限股份公司、创办集美实业股份有限公司

---

① 陈村牧（1907—1996），福建金门人。陈嘉庚办学的得力助手，著名教育家。毕业于集美中学和厦门大学，后返集美中学执教，1934 年任校长，1936 年 1 月接受陈嘉庚聘任，任集美学校董事长。1937 年七七事变后，经陈嘉庚同意，他果断把集美学校内迁安溪、大田、南安、同安等地坚持办学。在集美学校执教长达 60 年，深受师生敬重和爱戴。

② 陈水萍（1888—1967），福建集美人。陈嘉庚办学的重要助手。曾任职于陈嘉庚开设的谦益公司。1936 年，受陈嘉庚之命，回乡负责集美学校的财务管理。集美学校内迁时，他作为集美学校校务联席会议成员，参与集美学校领导工作。

③ 陈嘉庚：《南侨回忆录》，北京：中国华侨出版社，2014 年，第 355、356 页。

④ 陈村牧：《战时集美学校的回顾——一九四五年三月十七日晚在厦门电台第广播讲话》，载《陈村牧执教集美学校六十周年》，任镜波主编，香港：经济导报社，1992 年，第 153 页。

⑤ 丁志隆：《集友银行档案选编》，福州：海风出版社，2008 年，第 366 页。

和集友银行等。据在集友银行服务多年的校友邱方坤回忆："在永安的校友进行了商讨，校友们一致认为要遵照陈老的意志：'经营生息补充学校经费。'"① 他们以行养校、以产养学② 的思路与陈嘉庚不谋而合，更确切地说是受到了陈嘉庚的影响。陈嘉庚毕生以爱乡报国、服务社会为职志，他在办实业、兴教育的过程中认识到"先有营业而后能服务社会"③，强调实业与教育"有连带之关系"，"无实业则教育费从何来；无教育则实业人才从何出"④。抗战中，集美学校损失惨重，陈嘉庚不仅尽力筹措维持办学的经费，还为学校战后复兴作了长远考虑。他在《南侨日报》上刊登《为复兴集美学校募捐启事》向海外"集美学生及闽南同乡与集美学校有关者""校友及同乡好友之士"⑤ 募捐，提出"可于厦门建业，以作基金，收息永供校费"⑥ 等设想。至于他创办的厦门大学，因已收归国立，故而他认为"其前途当可由国家全力负责之……"⑦。1939 年，陈嘉庚在给陈村牧的信中说："余为集校经费基础计，思在近处有何事业可以经营，……时刻不敢去怀。"⑧ 他与陈村牧商量，计划在龙海县石码镇一带设立制砖瓦的工厂。由于太平洋战争爆发、新加坡沦陷，陈嘉庚来不及落实这些设想和计划就被迫离开新加坡赴印度尼西亚，开始了三年多的避难生涯。不过，他提出

① 丁志隆：《集友银行档案选编》，福州：海风出版社，2008 年，第 366 页。
② 潘荫庭：《以行养校、以产养学——抗战期间侨汇与闽南教育的星星火种》，载《鹭风报》1576 期 05 版。
③ 陈嘉庚：《南侨回忆录》，北京：中国华侨出版社，2014 年，第 2 页。
④ 陈嘉庚：《1923 年 2 月 23 日致叶渊函》，载《陈嘉庚教育文集》，王增炳、陈毅明、林鹤龄编著，福州：福建教育出版社，1989 年，第 331 页。
⑤ 陈嘉庚：《为复兴集美学校募捐启事》，载《陈嘉庚教育文集》，王增炳、陈毅明、林鹤龄编著，福州：福建教育出版社，1989 年，第 250 页。
⑥ 陈嘉庚：《为复兴集美学校募捐启事》，载《陈嘉庚教育文集》，王增炳、陈毅明、林鹤龄编著，福州：福建教育出版社，1989 年，第 249 页。
⑦ 陈嘉庚：《为复兴集美学校募捐启事》，载《陈嘉庚教育文集》，王增炳、陈毅明、林鹤龄编著，福州：福建教育出版社，1989 年，第 246 页。
⑧ 陈嘉庚：《1939 年 8 月 15 日致陈村牧函》，载《陈村牧执教集美学校六十周年》，任镜波主编，香港：经济导报社，1992 年，第 198 页。

的"建业，以作基金，收息永供校费"以及创办银行的设想，都随着集友
银行的诞生变成了现实。

其实，陈济民、陈厥祥等人对是否要办银行是曾有过分歧的。因随着
投资药厂及创办集美实业公司的开展，原计划投入集友银行的资金实已不
足。陈济民认为，集美实业公司业务初创（时 1943 年），资金尚不充裕，
"加以集校费用年须垫付七八十万元，恐无余力创办集友银行"。他指出，
今后，福建省政府的金融统制政策将倍加严厉，"不论何银行贷与商家借
款，每户不得超过五万元，似此情况，则将来集友欲贷与集美较多借款似
不可能"。陈厥祥则认为创办银行势在必行，"凡欲办大事业者，必须能自
创办银行事业，对于营业上之经济始能较周转与稳固也"。[1] 在他的坚持以

集友银行成立时行址位于福建永安（北门浮桥码头附近，今江滨路、北门路、晏公北路
一带）

---

[1] 潘荫庭：《以行养校、以产养学——抗战期间侨汇与闽南教育的星星火种》，载《鹭风报》
1576 期 05 版。

及陈村牧的多方征询、多方奔走下，众人决定从汇款中拨出 200 万元发起成立银行。发起人共十人，分别为：陈六使、李光前、陈济民、陈厥祥、陈国庆（陈嘉庚五子）、侯西反、叶采真[①]、陈村牧、陈延庭、陈水萍，皆为陈嘉庚亲友及厦大、集美两校校友。银行定名为集友银行股份有限公司，简称集友银行，行址设在永安公正路。当时，永安是战时福建临时省会，在 1938 年 5 月至 1945 年 10 月是福建政治、经济、文化中心。

在陈村牧校董的推动下，集友银行的筹备及开业进展迅速。据曾任集友银行会计主任、侨汇科主任的周国英回忆："创办过程中的各项工作，诸如草拟章程、人员延聘、组织建设，以至业务规划等，都是在陈村牧主持下进行的。"[②]1943 年 5 月 1 日，集友银行发起人会议在安溪集美学校董事会办事处举行，选举陈嘉庚、叶道渊、陈村牧、陈六使、李光前、陈济民、陈厥祥、陈博爱（陈嘉庚三子）、叶采真为董事，丘汉平、陈国庆、陈康民为监事。按照当时的规定，集友银行的资本总额定为 400 万元法币，分为 4000 股，交足半数即可开业。6 月 26 日，集友银行资本的半数 200 万元法币交由中央银行永安分行收存；9 月 1 日，经财政部批准设立，获颁营业执照。9 月 18 日，集友银行第一届第一次董监联席会议在永安举行，会上确定了集友银行总行开业时间，决议先在东兴、柳州、泉州设立分支行处；决议聘任陈厥祥为总经理、贺秩为协理[③]、郑嵩山为襄理[④]。10 月 1 日，集友银行总行如期在永安开业。银行董事会推举陈嘉庚担任董事长，

---

① 叶采真（1889—1952），名渊，号采真，福建安溪人。著名的教育家，陈嘉庚办学的得力助手。毕业于北京大学经济系，1920 年，受聘任集美学校校长，并曾担任集美学校校董，主持集美学校长达 14 年，对集美学校的建设和发展作出了重大贡献。1949 年，受陈嘉庚之托筹设集友银行上海分行。

② 周国英：《陈村牧与集友银行》，载《陈村牧执教集美学校六十周年》，任镜波主编，香港：经济导报社，1992 年，第 30 页。

③ 旧时某些银行、企业中职位次于副总经理的负责人。

④ 金融界或企业界中辅助经理办事的人，职位次于协理。

陈济民任代理董事长，陈厥祥为常务董事兼总经理，陈村牧和叶道渊为常务董事。集友银行成立时是福建省除四大银行（中央银行、中国银行、交通银行、中国农民银行）及福建省银行外唯一的私立银行。

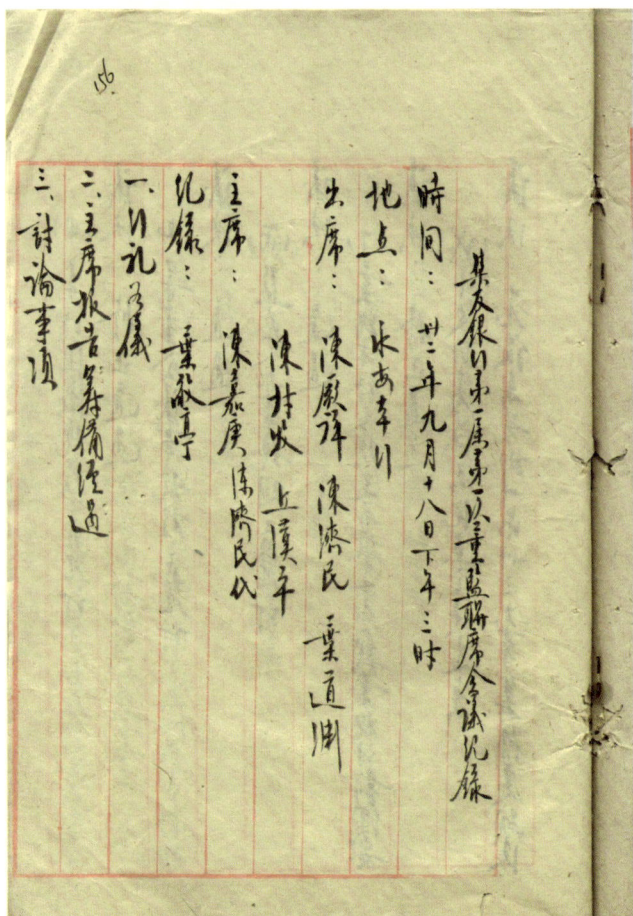

1943 年 9 月 18 日，集友银行召开第一届第一次董监联席会议

49

1944 年 10 月 1 日，集友银行成立周年，总行全体同仁合影纪念

集友银行"为谋集美学校永久经济基础"而建，成立之初即确立"以行养校"、以经营辅助教育及社会事业的宗旨，其章程中明确规定："本银行每年所得净利先提百分之十为法定公积金、百分之二十为集美学校经费，次付应缴之税款再提股利年息一分二厘，其余按左列成数分配：股东红利百分之六十；董事监察人酬劳金百分之五；总经理协理及各职员酬劳金百分之二十五；奖学金及社会事业补助金百分之十。"①

在创办过程中，发起人十分明确地以"嘉庚精神"为旗帜，借助陈嘉庚的影响力和号召力，集合爱国爱乡、关心集美学校、有志于教育及社会事业的各方力量共谋发展，其中以陈嘉庚的追随者、襄助者为主，包括其亲友和厦大、集美两校的校友以及海外福建乡亲等。集友银行创办之时，陈嘉庚远在印度尼西亚避难，音讯断绝，但发起人仍以陈嘉庚的名义申请注册，以他为创办人，由他担任董事长，而董事会的其他成员皆为他的亲友和集美、厦大两校校友。

股东构成也是如此。集友银行成立时股本总额 400 万元法币，收足一半开业。股东有陈嘉庚、陈六使、陈济民、陈厥祥、陈博爱、李光前、陈村牧、叶道渊、叶采真、丘汉平、陈国庆、陈康民。除陈嘉庚外，新加坡汇款人陈六使、李光前、陈济民、陈厥祥按出资比例获得股份，其中陈六使、李光前占股最多；另外拨出部分红股②给叶采真、叶道渊、丘汉平、陈村牧等知名校友，吸纳他们进入董、监事会。1944 年 1 月，集友银行为"增厚营运资金，扩大服务范围"③而续招另一半股本时，除旧股东优先认购一部分外，其余大部分出让给集美、厦大两校的校友以及归侨。据周国英回忆："为了延揽更多的厦大、集美校友入股，共同办好银行，成为名副

---

① 丁志隆：《集友银行档案选编》，福州：海风出版社，2008 年，第 16、17 页。
② 红股是股份公司向股东赠送的股票，是红利分配的一种形式。
③ 丁志隆：《集友银行档案选编》，福州：海风出版社，2008 年，第 35 页。

其实的'集友'银行，陈村牧建议把未收的资本法币二百万，让出部分数额给校友参加。"[1]校友们积极响应，剩余的一半股本于 1944 年 8 月收足。银行的经营管理者也多以厦大、集美两校校友为骨干，如总行协理贺秩是厦大校友，也是银行业知名人士，曾担任集美商校教员、福建省银行总行业务部经理；秘书邱方坤曾在集美小学、师范、商校任教多年。泉州、大田、柳州、东兴、福州等分支行处的经理也分别由吴再钵、叶贻彬、叶振汉、卓神荣、郭鸿忠（郭季芳）等校友担任。

集美学校创办以来，在陈嘉庚的规划下，大力发展实业教育（职业教育），其中包括商科，成绩斐然。厦门大学自初创之时起就设有商科。因此两校为集友银行的创办、发展输送了许多专业人才。而集友银行在为两校所培养的人才提供用武之地的同时，其盈利后又为两校的发展提供资金支持。两校与集友银行的良性互动极好地诠释了陈嘉庚关于实业与教育"有连带之关系""无实业则教育费从何来；无教育则实业人才从何出"等思想。

集友银行的创办与华侨关系密切，其启动资金来自海外华侨，发起人、股东、董事、职员中有许多华侨。银行发起人对此有着明确的认识："发起人等皆属厦门大学及集美学校之校友。此两校散布南洋各属之同学不仅多擅专技，且有乡亲之谊，与当地侨胞关系特密，联系自易为力。"[2]因而集友银行自创立开始就重视沟通侨汇，服务侨眷；鼓励华侨资金内移，扶助祖国复兴事业。

集友银行重视侨资侨汇，除了其本身与华侨关系密切，还因为侨资侨汇对中国抗战乃至战后复兴至关重要，政府鼓励侨资内移。抗战全面爆发后，华侨的经济支援尤其是资金支持，发挥了无可替代的作用。侨胞捐款

---

① 周国英：《陈村牧与集友银行》，载《陈村牧执教集美学校六十周年》，任镜波主编，香港：经济导报社，1992 年，第 30 页。

② 丁志隆：《集友银行档案选编》，福州：海风出版社，2008 年，第 46 页。

捐物、认购公债大大补充了国内军费、物资等方面的不足，更为重要的是侨资侨汇是政府财政经济的重要支柱及外汇的主要来源，对于稳定国内金融、抵偿外贸逆差关系甚大。国民政府极力争取华侨的经济援助，制定并公布了《非常时期华侨投资国内经济事业奖助办法》，成立"回国侨民事业辅导委员会"，还派遣熟悉侨务的人员到海外募捐并联络陈嘉庚等海外各地华侨领袖及侨团组织，争取他们的支持。福建省政府专门成立"侨资事业指导专门委员会""侨务组织委员会"等组织，提出"建设闽西北计划"，派员到南洋筹款，并拜会陈嘉庚等侨领。

陈嘉庚深感侨资侨汇对祖国抗战以及战后建设的重要性，带头并号召广大侨胞捐款、购债、汇款、投资以支援祖国，还与侯西反、郭兆麟等人合资在重庆开办中国药产提炼有限股份公司，投资实业支持祖国抗战。当时许多华侨响应祖国号召，投资建设抗战大后方，其中包括投资金融业，1943年在重庆出现了一波华侨投资设立银行的热潮。

1943年，世界反法西斯战争发生重大转折，随后中国抗战也拉开了大反攻的序幕，胜利的曙光已经显现。集友银行的发起人预见到战后国家各项建设迫切需要华侨资金及金融业的支持，"抗战之胜利在望，建国之规模渐成，而建设之实施方案亦正由政府筹划之中，益知今后建设事业之发展诚无限量，而所需于侨资及金融事业之协助为尤切"。[1] 他们在营业计划书中将"创设集友银行以确立华侨资金与祖国建设事业联系合作之初基，俾可陆续联合侨商返国投资助长祖国复兴事业"[2] 作为集友银行的重要宗旨，并具体化为鼓励侨资内移、便利侨胞汇兑、扶助工业发展、举办教育基金等方面。

而成立后的集友银行除开展一般商业银行的业务外，更是将办理侨汇作为业务的重心，其章程中明确规定"本银行暂设总行于福建永安，抗战

---

① 丁志隆：《集友银行档案选编》，福州：海风出版社，2008年，第46页。
② 丁志隆：《集友银行档案选编》，福州：海风出版社，2008年，第46页。

胜利后移设厦门"①，很大一部分原因在于厦门是华侨出入国的重要口岸，也是侨汇集结的中心，更确切地说是闽南的侨汇中心。集友银行筹划开设的第一批分支行处也都选在东兴、柳州、泉州等"侨汇出入的孔道"②。1943年11月1日，集友银行东兴及柳州办事处开业，此时距离总行开业仅仅1个月，足见集友银行经营者们拓展业务的决心和毅力。凭借勇毅前行的精神和准确清晰的发展思路，从成立到1944年年初的几个月中，集友银行的各项业务，如沟通侨汇、办理贷款、招收存款、票据贴现等方面顺利推进、日渐发展。1944年1月，财政部批准集友银行设立东兴及泉州两办事处，柳州办事处则未获批准，后即撤销；1944年3月15日，泉州办事处开业，地址在泉州市区中山南路。

1944年，集友银行、集美实业公司以及中国药产提炼有限股份公司向集美学校分别提供经费补助645478元、1279358.35元、300000元，三者合计约占当年校费总收入的三成。此后，集友银行又陆续筹划设立大田、福州等分支机构。1945年3月，成立大田县设通讯处，地址在东街口；同年9月，成立福州办事处，地址在万寿路10号。集友银行发展初具规模。

抗战胜利后，集友银行总行按原定计划于1945年10月由永安迁至厦门。当时，福建省政府、学校、文化机构、银行、商家已陆续离开永安，省内各大城市经济逐渐复苏，将总行迁至厦门有利于侨汇等业务的开展和银行的发展。同年12月1日，总行在厦门海后路27号正式营业。为了便于开展业务，东兴办事处等机构分别迁往漳州、永春，之后经调整撤销永春通讯处，最终总行下设泉州、福州、漳州三个分支行处。其中，福州分行由郭鸿忠担任经理，他与陈嘉庚办学的得力助手叶采真是至交，曾在集美学校服务13年。抗战结束后，他担任集友银行福州支行经理，并发起组织集美学校福州校友会。

---

① 丁志隆：《集友银行档案选编》，福州：海风出版社，2008年，第8页。
② 丁志隆：《集友银行档案选编》，福州：海风出版社，2008年，第203页。

1946 年 5 月 20 日，集友银行泉州分行全体同仁留影（陈亚彬供图，该照片收录于《集友银行档案选编》）

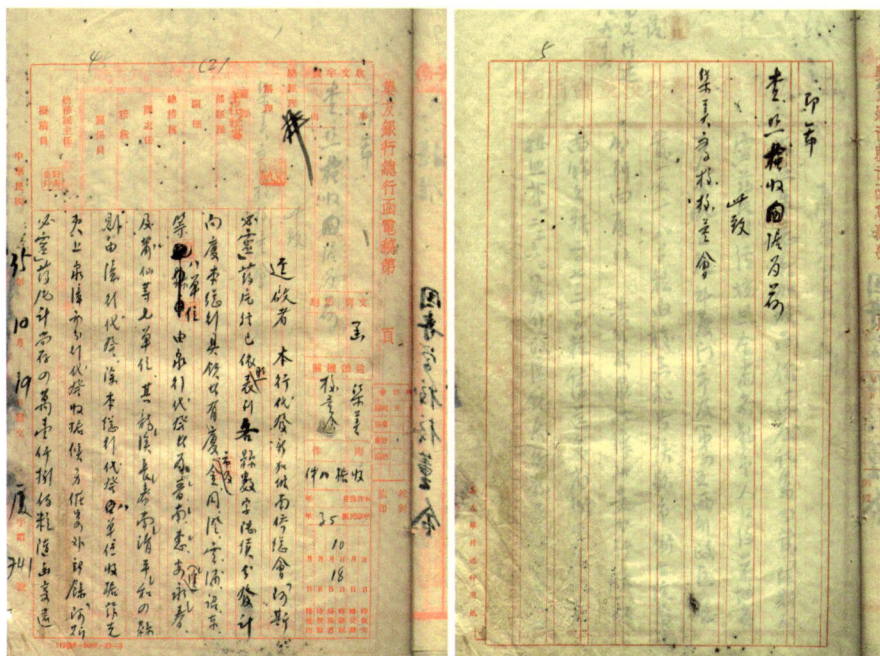

1946 年，集友银行总行关于代发南侨总会"阿斯匹灵"药片事宜致集美学校校董会函件

1947 年海运逐渐恢复，市场日益繁荣，集友银行原有资本因法币不断贬值已无法适应市场需求。股东们商议决定将银行资本增至 2 亿元法币，分为 20000 股。除旧股东外，银行拨出部分股份让集美、厦大两校的校友参加。庄怡生、刘梧桐、黄天爵、黄哲真、李克芽、张述、潘国渠、潘国均等知名校友，纷纷投资成为股东。这次增资扩股，陈六使、李光前分别出资 7000 万、2000 万法币，认股最多。同时，集友银行的第一届董、监事会任期届满。3 月 5 日，集友银行举行股东常会进行改选，经过双记名投票选举，产生新一届董事 9 人，分别为陈厥祥、陈六使、李光前、叶采真、陈村牧、刘梧桐、李克芽、陈济民、陈康民；监察人 3 人，分别为郑揆一、庄怡生、叶道渊。3 月 7 日，举行第二届董监联席会议，推举陈六使为董事长，叶采真、陈村牧为常务董事，叶道渊为常驻监察人。在新旧股东的支持下，7 月 8 日，增加的股资全数收齐，并向有关部门办理了变更手续，更名为"集友商业银行股份有限公司"。后经董事长陈六使"函陈董事厥祥请由常务董事村牧代行董事长职务"[①]，"集友银行代理董事长一职，即由陈村牧担任，一直到一九七二年并入中国人民银行为止"[②]。

在陈村牧主持下，集友银行与集美学校之间的关系更为紧密，集友银行的"一些重要职员都延聘校友担任。为了开拓业务，增聘老校友林承志为协理，并增设漳州支行，聘请陈及锋校友担任经理。其他如总行稽核游学诗、黄寿海分别曾是商校的校长、教员，总行襄理陈福例、陈维羆，总行会计主任周国英，以至泉州支行襄理叶枝发，福州支行襄理员吴湘泽等等，也都是校友"[③]。任职期间，陈村牧从未领取集友银行的任何报酬，深受各方信任和称道。

---

① 丁志隆：《集友银行档案选编》，福州：海风出版社，2008 年，第 318 页。
② 周国英：《陈村牧与集友银行》，载《陈村牧执教集美学校六十周年》，任镜波主编，香港：经济导报社，1992 年，第 31 页。
③ 周国英：《陈村牧与集友银行》，载《陈村牧执教集美学校六十周年》，任镜波主编，香港：经济导报社，1992 年，第 31 页。

集美学校董事陈村牧（前排中）与集友银行员工合影

正当集友银行增资扩股、发展可望再上新台阶之时，中国经济尤其是国统区的经济急剧恶化。内战爆发以后，国民党政府在军事上节节败退。为维持高额的战争开支，弥补自抗战以来形成的巨额财政赤字，国民政府大量发行货币，引发了人类历史上少见的恶性通货膨胀。1947 年，集友银行增资的一个重要原因就是法币贬值导致资产缩水。1948 年，法币贬值更加严重，为此国民党政府实行币制改革，限期收清法币，改用金圆券。按照相关规定，集友银行总行将资本调整为金圆 20 万元。因为下设 3 个分支行处，每多一分行，资本递加 2 万元，因此资本总额调整为金圆 26 万元。原有资本法币 2 亿元，仅折合金圆券 66 元 6 分，加上各项财产估值金圆券 26315 元外，还有资金缺口金圆券 233617.48 元，只能将缴交中央银行的外币资产变价抵充，并于是年 12 月 30 日完成调整。没过多久，金圆券贬值速度超过法币，1949 年，国民政府再度变更货币，废止金圆券，推行银圆券，但是根本无法遏制通货膨胀的持续高企以及经济的全面崩溃。在这种恶劣的经济环境中，银行业面临生存危机，更遑论发展。1948 年 11 月底，受到货币贬值的影响，集友银行效益不佳，被迫裁员，计职员 10 人、工友 2 人。裁员后，全行有职员 32 人、工友 15 人。1949 年 5 月，集友银行的 3 个分支机构全部结束营业，总行保留少数人员，暂停营业。

第二节　香港创业　另辟蹊径

"二战"结束后，中国内地政局动荡、金融崩坏，银行业务难以开展，集友银行举步维艰。当时，与内地相比，香港经济呈现上升之势。由于周边大多国家和地区，或陷入战乱，或经济恢复缓慢，使香港的转口贸易没有强大的竞争对手，从而获得重建远东地区转口贸易港的机遇。同时，香港凭借当时的优越条件吸引了内地的大量资金、技术和劳动力涌入，为其经济恢复注入了活力，到 1950 年，香港经济已超越战前，能为银行的发展提供更为良好的环境。

1947 年，鉴于内地金融情况日益恶化，集友银行的股东们决定集资到香港创业。此时，陈嘉庚正在新加坡旗帜鲜明地反对专制独裁的国民党政府，以及其罔顾民生、发动内战的行径。国民党治下政治腐败、贪污横行、经济凋敝的状况，令他痛心不已。对于集友银行到香港发展的决策，他是赞同的。曾担任香港集友银行董事长多年的陈光别如是回忆："一九四七年陈厥祥先生秉承其父陈嘉庚老先生意旨来港办集友银行。"[①]

在陈嘉庚的支持下，集友银行总经理陈厥祥携眷赴香港筹备创办银行的具体事宜。1947 年 4 月 2 日，集友银行香港通讯处先行成立。校友黄克立[②]经集美学校原校长叶采真推荐，并得到陈嘉庚的认可，前往香港集

---

① 陈光别：《四十年历程回顾》，载《香港集友银行创办四十周年纪念特刊》，第 5 页。
② 黄克立（1910—2004），福建厦门人，毕业于厦门大学经济系，担任过集美中学校长、厦门大学会计主任、同安县县长、台湾省台中市市长，以及泛印集团、澳门国际银行副董事长，在集友银行任职期间为推动侨汇业务作出了突出的成绩。

友银行任职，于 1947 年年底举家由厦门迁居香港。他从办事员做起，直到担任董事副经理。在集美学校、厦门大学和集友银行学习、服务的过程中，他深受陈嘉庚的影响。他曾说："我在集美师范及厦门大学学习过，是陈嘉庚的学生。以后，我在集美中学、香港集友银行服务过，还当过陈嘉庚的秘书兼国语翻译，深受陈嘉庚精神的熏陶。陈嘉庚是我一生中最崇拜、最敬仰的人。"①

1947 年 4 月 8 日，集友银行第二届第二次董事会在厦门总行召开，讨论创办香港集友银行②（简称"港行"）的相关事宜，决议：香港集友银行资本暂定为港币 25 万元，先收 40%（港币 10 万元）开始营业，其中内地集友银行"参加股份百分之七十，余由香港集美公司谨参加之"③，并且"为兼顾当地环境及国内情形，该处应以独立为宜"④。按照香港当地的公司法规，香港集友银行"设董事十一人，总行推定陈六使、李光前、陈济民、陈厥祥、陈村牧、叶道渊、庄怡生、刘梧桐八人，香港方面推定叶采真（代表香港集美公司）、张石泉、陈能方三人担任之"⑤。

这次董事会作出了一个意义非凡的决定，即不在香港开设分行而是开设一家独立的银行。因此有一种说法是集友银行"在香港另设总行，资金独立，不属厦门总行领导"⑥。这样的决定，既可以避开当时内地不良经济环境的影响，使集友银行得到更好的发展，又依托厦门和香港的两大分支，逐渐形成联通国内市场和国际市场的新格局，对集友银行未来的发展影响深远。

不过，两地集友银行虽然不是总行与分行的关系，但联系十分密切。

---

① 景煌：《厦大克立楼奠基》，载《集美校友》2003 年第 3 期。
② 为区别当时在不同地点成立的"集友银行"，特在行名前冠以地名做区分。
③ 丁志隆：《集友银行档案选编》，福州：海风出版社，2008 年，第 318 页。
④ 丁志隆：《集友银行档案选编》，福州：海风出版社，2008 年，第 318 页。
⑤ 丁志隆：《集友银行档案选编》，福州：海风出版社，2008 年，第 319 页。
⑥ 丁志隆：《集友银行档案选编》，福州：海风出版社，2008 年，第 413、414 页。

内地集友银行为香港集友银行的主要股东，以"友记"名义参股70%，拥有绝对控股权。香港集友银行的"全班人马也均由厦门行调去，仅少数录用当地人"①。

经陈厥祥等人努力推动，1947年4月24日香港集友银行有限公司获批注册成立，并在同年7月15日正式开业，行址设于香港中环中天行五楼405室（现在的历山大厦旧址）。第一届董事会成员包括陈六使、陈厥祥、叶采真、陈能方、李光前、刘梧桐、张石泉、陈村牧、陈济民、叶道渊、庄怡生，并推选陈六使任董事长，陈厥祥、叶采真、陈能方任常务董事。董事会聘请陈厥祥担任总经理，主持该行日常工作。至此，内地和香港集友银行的董事长都由陈六使担任，总经理都由陈厥祥担任，主要的董事也基本相同。因而二者之间虽无隶属关系，但在业务上密切相连。

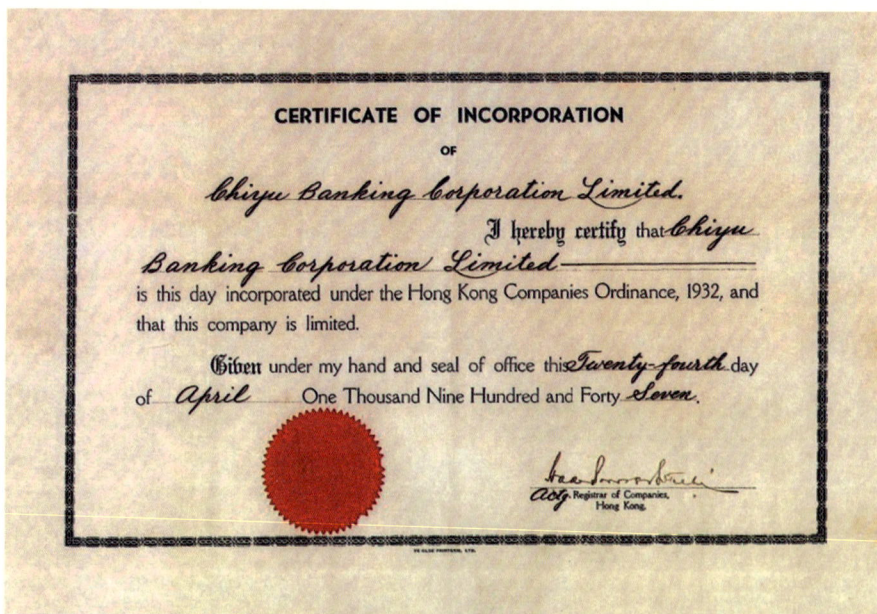

CERTIFICATE OF INCORPORATION

OF

Chiyu Banking Corporation Limited.

I hereby certify that Chiyu Banking Corporation Limited ————— is this day incorporated under the Hong Kong Companies Ordinance, 1932, and that this company is limited.

Given under my hand and seal of office this *Twenty-fourth* day of *April* One Thousand Nine Hundred and Forty *Seven.*

Registrar of Companies, Hong Kong.

1947年，集友银行在港注册成立

---

① 周国英：《创建集友银行：陈村牧先生的卓识远见》，载《集美校友》1996年第6期。

成立初期的香港集友银行印章

　　陈厥祥身兼两行的经理，奔波于香港、厦门之间，为此还经历了一次劫难。1947年12月17日，陈厥祥与香港集友银行业务部主任白圻甫乘坐"万福士"轮从香港到厦门参加集友银行厦门总行董事会，行至汕头海面遭海盗团伙绑架。消息传到新加坡后，陈嘉庚发电报到香港给李济深和蔡廷锴，请他们设法营救。李济深和蔡廷锴又转托陈其尤。经过四个多月，陈厥祥等人才平安获释。值得一提的是，当时与陈厥祥一起被绑架的还有陈光别。经过此事，两人相识相知。1950年，经陈厥祥引荐，陈光别进入香港集友银行董事会，此后更担任董事长多年。

《江声报》中华民国37年4月14日　　　《江声报》中华民国37年4月22日

1948年，《江声报》关于陈厥祥和白圻甫遭遇绑架及脱险的报道（白圻甫孙女白燕女士供图）

　　其实，这两家分处于香港和内地的集友银行，不只是业务上关系密切，更重要的是它们因陈嘉庚及"嘉庚精神"而紧紧联系在一起。它们宗旨一致、志趣相投，追随陈嘉庚，"以行养校、以行助乡"，联系华侨、沟通侨汇，助力家乡和祖国复兴事业……两行间的这种精神联系由香港集友银行的行徽可窥见一斑。创办之初，香港集友银行采用陈嘉庚公司的"钟标"作为行徽章。以"钟标"为行徽，意味着香港集友银行的创办者们愿意追随陈嘉庚，恪尽国民天职。后期，香港集友银行的行徽在"钟标"的基础上有所变化，将钟形图案中间的"中"字改为"集友"二字，以强调集友银行的主要宗旨。陈嘉庚的侄孙、香港集友银行原董事陈忠信说：集友银行创办时，陈嘉庚对"集友"有明确的定义，"'集'字代表家乡集美，'友'字代表陈嘉庚先生的亲朋好友及集美学校校友，陈嘉庚先生倡办集友银行，希望汇集自己的亲朋好友和集美学校校友，共同发展壮大集友银行，为兴邦助学作出贡献"①。香港集友银行在此后的发展道路上一直以倡办人陈嘉庚的精神为指路明灯，始终不忘"以行养校、以行助乡"的初衷。

香港集友银行行徽

随着转口贸易的发展以及大量资金由内地流入，1947年前后，香港各类银行如雨后春笋般涌现。由于港英政府对金融业采取不干预政策，导致银行数量激增。银行的无序发展及由此引发的恶性竞争，致使行业风险逐渐加大。在此背景下，1948年1月29日，港英政府推出了第一部银行法律《银行业条例》，首次对"银行业"进行界定，并实行银行发牌和账目审核制度，设立银行业监管机构等。同年，港英政府首次向银行发放牌照。香港集友银行按照《银行业条例》规定申请执照，成为第39家领有牌照的银行。当时领有牌照的银行多达143家。

1949年5月，内地集友银行被迫暂停营业。香港集友银行则在竞争激烈的香港银行界努力谋求发展。香港集友银行的创立无疑为集友银行的发展开辟了另一条出路，也为实现"以行养校"的初衷迈出了关键一步。

① 《集友银行七十周年纪念特刊》，第107页。

第二章　砥砺奋进　栉风沐雨

1949 年 10 月 1 日，中华人民共和国成立，中国人民从此站起来了，中华民族走上了实现伟大复兴的壮阔道路。中国共产党将中心工作由革命战争转向恢复和发展生产上。其中一项重要的措施就是整顿金融秩序，逐步建立新的货币制度和以中国人民银行为中心的金融机构体系，从而为国民经济恢复重建提供资金保障。集友银行厦门总行应时而动，于 1949 年 10 月申请复业。

当时战火虽然平息了，但是以美国为首的西方国家采取"不接触、不通商"的遏制政策，孤立和封锁新中国。而实行自由港政策的香港，于重重封锁之中为新中国外交和经济打开了一扇窗户。香港集友银行凭借地利之便，成为内地集友银行对外交往的桥梁，积极联络海外股东、争取资金支持厦门总行复业发展。1950 年，集友银行厦门总行增设上海分行（集友银行厦门总行简称"厦行"、上海分行简称"沪行"）。两地集友银行密切配合，共同支持陈嘉庚修缮和扩建集美学校和厦门大学，为祖国文教事业及经济发展贡献力量。

与此同时，我国进行社会主义改造，地方上香港经济经历转型，内地和香港银行业的发展均经历了诸多曲折。1972 年，集友银行厦门总行及上海分行先后收归国有，融入国家银行体系当中。香港集友银行在面临困难和挫折时选择依靠祖国，于 1970 年加入中国银行，保留集友银行名称，秉承创行初衷和使命，立足香港，继续前行。

第一节 内地诸行 收归国有

1949 年 10 月 1 日，中华人民共和国成立，中国金融业翻开了新的篇章。人民政府对官僚资本金融机构进行接管，并改造私营金融机构；同时建立国有银行体系，以国家立法形式确立中国人民银行作为中央银行的地位，由其在全国建立统一的金融市场。1949 年 10 月 17 日，厦门解放，原国民党政府时期的"四行、两局、一库"① 及省、市银行被厦门军事管制委员会接管。10 月 21 日，中国人民银行厦门分行成立。10 月 24 日，中国银行厦门分行重组开业，成为中国人民银行厦门分行领导下的国家外汇专业银行。新中国成立之初，为了促进国民经济恢复，政府鼓励私营银行在遵守相关法令的前提下开展业务。1949 年 10 月，集友银行厦门总行申请复业。按照《华东区私营银钱业管理暂行办法》规定，总行资本额定为旧人民币 6000 万元，分为 20000 股，每股 3000 元，并限 12 月底缴纳完成。此前，集友银行厦门总行历次所增资本因货币贬值耗损殆尽，再加上股东分散在海内外各处，要恢复营业谈何容易。当时西方国家已开始对中国实行外交孤立和经济封锁，海内外资金流通、人员来往都不便利，一时间难以召集股东商讨增资复业的种种事宜。在这种情况下，香港集友银行成为联通内外的桥梁，对集友银行厦门总行复业以及后来在上海开设分行起到了非常重要的作用。

① 指中国银行、中央银行、交通银行、中国农民银行，邮政储金汇业局、中央信托局和中央合作金库，是国民党政府时期官僚资本直接控制下的七大金融机构，是其金融垄断体系的核心。

集友银行厦门总行复业所需的 6000 万元人民币，经过身兼厦、港两行总经理的陈厥祥筹划联络，设法征得董事长陈六使、董事李光前等人的同意，由香港集友银行先代各股东垫缴。集友银行厦门总行的复业手续得以在规定期限内完成。1949 年 11 月 13 日，经中国人民银行厦门支行核准，集友银行厦门总行复业。当时除总经理陈厥祥外，主要职员有协理贺秩及林承志、副理刘丕扬、主任秘书邱方坤、营业主任陈福例、会计主任陈维罴等。由于陈厥祥常驻香港，集友银行厦门总行日常事务主要由协理林承志主持[①]。林承志曾先后就学于集美小学、集美师范，还获得集美学校"成美储金"资助到日本东京明治大学攻读经济学，学成后曾任集美学校教育推广部视察一职。1948 年，他经集美校董会董事长、集友银行代理董事长陈村牧介绍进入集友银行厦门总行任协理。陈厥祥赴香港后，集友银行厦门总行的具体事务便一直由他负责。在他主持下，集友银行厦门总行获准为办理外汇指定银行，着重办理侨汇业务。他充分发挥熟悉经济工作以及海内外联系面广的优势，不少华侨华人信任他，在国内投资、兴办公益事业的资金都请他经手。他深得陈嘉庚倚重，20 世纪 50—60 年代，陈嘉庚在厦门的全部流动资金全权委托他管理。据时任陈嘉庚秘书的张其华回忆，陈嘉庚每次从集美至厦门通常都会到集友银行厦门总行，赴北京时也经常写信给集友银行厦门总行交代经费安排、银行长短期存款等待办事项。

20 世纪 50—60 年代，陈嘉庚主持修复、扩建集美学校和厦门大学，从海外募集了大笔资金。这么做不仅是为了支持两校建设，也是为了给国家争取外汇。陈嘉庚交代林承志将这些侨汇以人民币形式存入集友银行厦门总行。据林承志回忆："不少校友从关心集美、厦大出发，怕人民币贬

---

① 另一位协理贺秩及主任秘书邱方坤于 1950 年前往上海筹备开设分行。

值，影响修建校舍的经费，劝陈嘉庚把存款改为'保本保值存款'或'外币存款'。陈嘉庚不但严加拒绝，而且调进更多外汇。新中国成立初期十年间，由我经办以人民币形式存入集友银行厦门总行，并经常保持余额约有人民币二三百万元。果然，经过人民政府采取有效措施，迅速恢复工农业生产，增加财政收入，并厉行节约、杜绝浪费以后，不到三年，我国财政经济就实现了根本好转，币值提高，物价稳定，许多人都十分钦佩陈嘉庚眼光远大，料事如神。有一位归侨曾经向陈嘉庚请教，有何宝贵经验，他说：'有两条，一要有祖国做靠山，二要有经济眼光，还要有政治眼光。'"[1]在陈嘉庚的影响和支持下，集友银行厦门总行努力经营侨汇、外汇业务，颇有成效。

1950 年前后，政府遏制通货膨胀、鼓励私营工商业发展的措施收到了一定效果，物价开始稳定，市场也日渐活跃起来。总经理陈厥祥等人认为这是扩展业务的好时机，经与董事长陈六使、董事李光前等人商议后，决定申请设立上海分行。陈嘉庚大力支持筹建上海分行的决策，委托集美学校校友、集友银行厦门总行主任秘书邱方坤前往上海负责筹备工作。据邱方坤回忆："陈老对办好和发展集友银行寄予极大期望。1950 年要我筹建集友银行上海分行，并出任上海分行副经理。"[2]在集友银行厦门总行任协理的贺秩也前往上海支援筹办工作。同年 9 月 27 日，集友银行厦门总行获中国人民银行厦门支行批准增设上海分行，资本额核定为旧人民币 5 亿元。总经理陈厥祥征得董事长陈六使、董事李光前等人的同意，由香港集友银行代各股东垫缴股款。同年 11 月 20 日，集友银行上海分行开业，行址设在上海延安东路 21 号，经营外汇业务、进出口贸易结汇及私营企业存放款

---

① 林承志：《一片丹心照汗青》，载《集美校友》1984 年第 5 期。
② 徐云斋：《陈嘉庚先生创建集友银行二三事——集美学校老校友邱方坤先生的忆述》，载《集美文史资料》（合订本），厦门市集美区委员会文史资料委会编，2021 年，第 86 页。

业务。香港集友银行常务董事叶采真受陈嘉庚的指派从香港赴沪参与筹备工作，并担任上海分行经理。可见当时香港和内地集友银行互相扶持，共同襄助陈嘉庚的事业。1952 年，叶采真病逝，邱方坤接任上海分行经理。

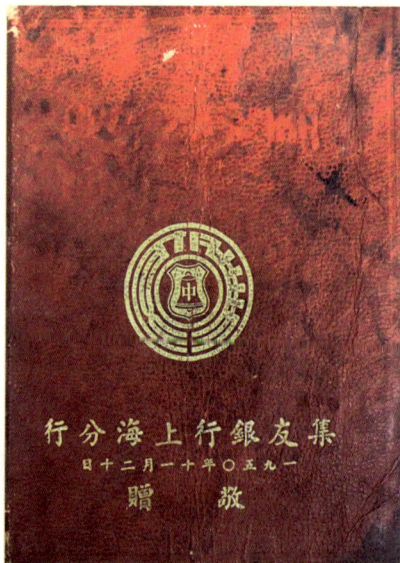

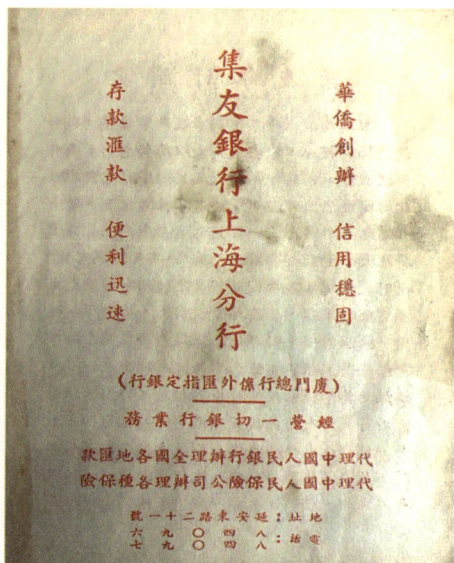

1950 年，集友银行上海分行开业赠品（记事簿）

为了支持上海分行，陈嘉庚将其从海外争取来的资金拨出一部分存入上海分行。国家对集友银行十分照顾，集友银行也不单单是一家侨资银行，更是陈嘉庚及其襄助者为支持集美学校、扶助教育事业而创办的。1951 年 5 月，集友银行厦门总行获准代理中国人民银行各项储蓄存款。1952 年获准代理中国银行华侨储蓄存款业务。至 1953 年，上海分行的业务有了较大的发展。1954 年 6 月 28 日，集友银行厦门总行董事会的报告中写道："在国营（有）经济领导与全体职工努力经营，业务进展，数年来略有盈余，而一九五三年获利较多，计二十一亿余元。"[①] 时任上海分行总

---

① 丁志隆：《集友银行档案选编》，福州：海风出版社，2008 年，第 401 页。

经理邱方坤后来回忆:"上海集友银行在中国银行领导和照顾下,并得到陈老的支持和香港集友银行的密切配合,于一九五三年下半年大力开展外汇业务,收益增加。"[①]

1953 年,国家开始对私营工商业进行社会主义改造,通过公私合营逐步转变其性质,最终建立起社会主义公有制。到 1956 年,私营工商业社会主义改造基本完成。在这种时代氛围中,集友银行厦门总行董事会向各股东发出将股份捐献给集美学校的号召,得到了主要股东的热烈响应,并于 1953 年基本完成捐赠[②],集友银行的公益色彩以及"以行养校,以行助乡"的宗旨得以强化。1954 年 6 月 28 日,银行董事会在给厦门市财政经济委员会的报告中对此作了说明:"设立本行目的,在补助集美学校经费之不足,故本行每年盈利,除章程中规定提百分之二十补助集美学校经费外,各股东历年分配所得之股息红利亦均捐赠集美学校。自一九五三年起,各股东并将股本股权全部赠献集美学校。现在本行实集美学校之附属企业也。"[③] 林承志回忆:"由于集友银行的创办旨在支持集美学校,扶助教育事业,股东只有出资增资的义务,从未在应得的股息红利中提取分文,故其性质绝非一般私人企业所可比拟,正因为此,所以受到了政府的特别照顾,周总理还亲自过问其事。也正因为此,集友银行厦门总行仅有十多人(绝大部分是集美校友),却担负着数十人办理的业务量,如非大家通力合作,团结一致,不分彼此,当仁不让,大大提高了工作效率,那是不可能设想的。……校主对于集友银行的存在、发展及其所起的作用是满意

① 邱方坤:《陈嘉庚解放后筹划办学经费纪实》,载《回忆陈嘉庚——纪念陈嘉庚先生诞辰一百一十周年》,全国政协文史资料研究委员会、中华全国归国华侨联合会、福建省政协合编,北京:文史资料出版社,1984 年,第 263 页。

② 《集友银行董事会关于集友银行盈利作为集美学校补助费给厦门市财委的报告(1954 年 6 月 28 日)》,载《集友银行档案选编》,丁志隆主编,福州:海风出版社,2008 年,第 399 ~ 403 页。

③ 丁志隆:《集友银行档案选编》,福州:海风出版社,2008 年,第 400 页。

的。他老人家曾经对股东们说过：'要靠集友银行发财，那是不可能的，但可作为集美学校的联络处，为集美学校服务耳。'这就说明了集友银行存在的意义，决非股东个人想赚钱，因此，全行同仁们对此咸引为荣。"①

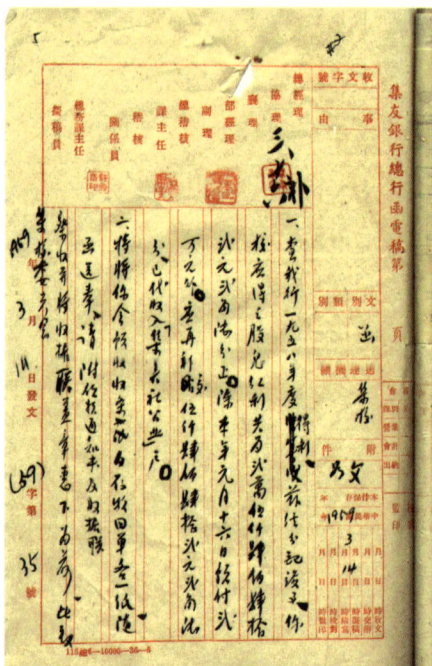

1959 年，集友银行厦门总行函告集美学校 1958 年度股息领取事项

陈嘉庚积极响应国家政策，认为银行是国民经济的主要部门，厦、沪两间集友银行应由国家经营。据他的秘书张其华回忆："他拥护过渡时期总路线，拥护私营工商业的社会主义改造。1953 年 10 月，时任华东行政委员会副主席的他，以亲身经历在华东行政委员会扩大会议上，大谈工商业改造对国对己的好处，批评那些'宁做小国之君，不做大国之臣'的人是鼠目寸光。当资本主义工商业改造已逐步展开，一批批私营企业已走上公私合营轨道或一步登天成为国营（有）企业时，所有权属集美学校的厦

① 林承志：《集友银行创办经过》，载《集美校友》1985 年第 1 期。

门、上海集友银行以及华侨办的集美至同安段的同美汽车公司，由于所有权和资金所限，业务出现萎缩和亏损。嘉庚先生遂于 1954 年 12 月 13 日和 1955 年 2 月 6 日致函周总理，请求将这两间集友银行交由国家管理；请求政府接管同美汽车公司，企业尚余资产由国家收购。"[①] 周总理于 1955 年 3 月 26 日复函陈嘉庚并指示中国人民银行：厦门、上海集友银行事，仍继续经营，业务上由国家银行帮助，多分配一部分侨汇与放贷业务，保证集友银行有利可图，不使亏损，多余人员可安置在国家银行。

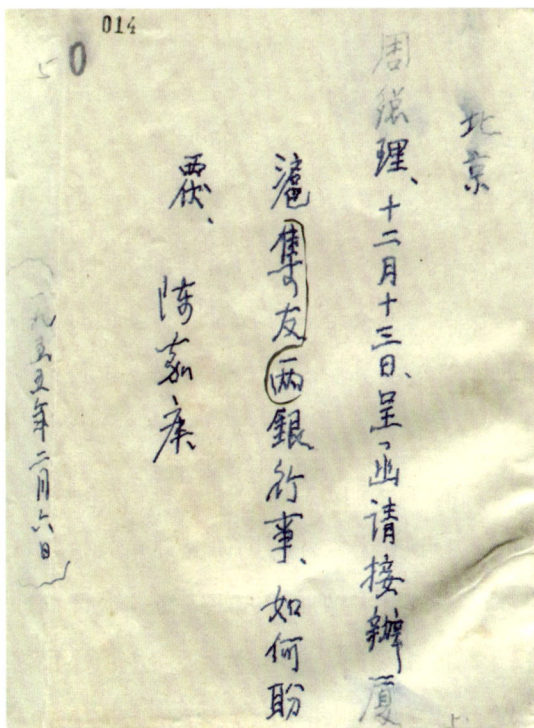

1955 年 2 月 6 日，陈嘉庚致函周恩来总理底稿

　　中国人民银行接到周总理的指示，非常重视，马上采取了有力的措施。派员对集友银行的经营状况进行调查，经与陈嘉庚、陈村牧、林承

---

① 张其华：《陈嘉庚拥护共产党》，载《集美校友》2011 年第 3 期。

志、邱方坤等人商讨，最终制定出切实可行的办法。时任厦门市人民银行行长张可同是此事的主要参与者，多年后仍清晰地记得事情的始末："厦门的金融行业，除国民党时期的中（央）中（国）交（通）农（业）四大银行、一库（中央合作金库厦门支库）等被我政府接管外，其他的福建省（市）地方银行和 15 家商业银行等都被改造，直至办理结束，仅保留集友银行，华侨银行亦获准在上海设立分行。由此可见，中央高瞻远瞩，对侨资银行多么重视，给予特殊照顾。然而国际反华势力对我国实施遏制政策，采取封锁、禁运、限制等恶劣手段，妄图扼杀新中国政权于摇篮之中。我则针锋相对，采取以牙还牙，实行反封锁、反禁运、反遏制等一系列措施予以反击，在此形势下，金融等行业不免遇到了困难，集友银行处在侨汇大都中断、业务量锐减、营业收入下降的严重局面，影响到集美学校、厦门大学部分经费正常支出。主持集美学校校董会工作的陈村牧及时向校主（嘉庚先生）汇报了集友银行所面临的困境，嘉庚先生对此十分关注。于是，嘉庚先生决定由村牧通过集友银行协理林承志约我去集美陈嘉庚的住所探讨解决办法。陈老希望国家银行给予关照，当时在场的是嘉庚先生和村牧、承志和我四人，交谈磋商结果，我根据国家规定的有关政策和集友银行的实际情况给予该行代理国家银行储蓄业务，力争海外侨汇，内部樽节支出，并帮助研究开拓其他领域业务，改善经营管理，提高服务质量，努力增加营业收入。这次面商取得圆满结果。"[1] 上海方面，人民银行除增加储蓄代办费，还将上海人民银行邑庙区人民路储蓄所划归集友银行代理[2]。同时，厦、沪两行大力加强与香港集友银行的联系，与之密切配合，努力争取侨汇及出入口结汇业

---

[1] 张可同：《嘉庚先生的得力助手 集美学校的有功之臣——陈村牧》，载《集美校友》1996 年第 6 期。

[2] 王季深：《陈嘉庚与集友银行》，载《旧时经济摭拾》，全国政协文史资料委员会编，北京：中国文史出版社，2005 年。

务。从此，集友银行经营方向更加明确，基础更加牢固，业务稳步前进，年年均有收益。

1960 年 4 月，集友银行厦、沪、港三行业务座谈会参会人员合影留念

1961 年，陈嘉庚在北京逝世。临终前，他仍然牵挂着集美学校，在遗嘱中强调学校一定要办下去。陈嘉庚去世不久，"大跃进"和"文化大革命"的冲击接踵而至。在"文革"时期，内地银行业遭受重创，商业性金融机构被撤销，银行职能被削弱，业务活动无法正常开展。1972 年，集友银行厦门总行、上海分行等内地各行相继由中国人民银行接管，改为国有。集友银行厦门总行的"财产器具、债权债务经全面清理、造册后，全部移交厦门市人民银行。原集美校董会的股权，也同时办理移转手续"[①]。集友银行厦门总行主要经营侨汇及入口结汇业务，因此其业务由

---

① 丁志隆：《集友银行档案选编》，福州：海风出版社，2008 年，第 299 页。

专营外汇业务的中国银行接手，"转入厦门中国银行继续办理。同香港和国外的业务关系，由厦门中国银行接续"[①]。自此，内地诸行融入国家银行体系当中。

1963 年 10 月 1 日，集友银行总行庆祝成立二十周年纪念

1978 年，党的十一届三中全会后，党中央作出把工作重心转移到社会主义现代化建设上来，实行改革开放的历史性决策。随着金融体制改革有计划、有步骤地展开，银行业恢复了生机，向专业化转型，相继恢复、成立了农业银行、建设银行、工商银行和中国银行等四大银行。1984 年，中国人民银行开始专门行使中央银行职能，其工商信贷和储蓄业务被分离出来，由新设立的中国工商银行承接。在中国银行业拨乱反正的大潮中，集友银行厦门总行位于海后路 27 号的旧址，改成了中国工商银行厦门分行集友储蓄所。

---

① 丁志隆：《集友银行档案选编》，福州：海风出版社，2008 年，第 299、300 页。

20世纪五六十年代，集友银行厦门总行位于厦门轮渡海后路的旧址（照片原件现由陈为民珍藏）

第二节　香港集友　风雨兼程

1949年5月，陈嘉庚受毛泽东的邀请，以华侨首席代表的身份赴北京参加第一届中国人民政治协商会议及开国大典。途经香港时，陈嘉庚在次子陈厥祥家中举行记者招待会，并受邀出席当地华侨华人组织的集会，所到之处人们无不欢欣鼓舞。在北京，他在政协会议预备会上发言说："海外华侨希望看到的强大、民主政府就要在中国出现了。海外华侨听到中国革命成功的消息，无不喜出望外。"①这番发言道出了海外侨胞的心声。新中国成立后，陈厥祥和香港集友银行的同人们怀着同样欣喜的心情升起了五星红旗。

1950年2月，陈嘉庚从北京返回新加坡的途中在香港停留了4天。陈厥祥告诉他，香港集友银行计划增加资本。陈厥祥后来在《集美志》中记载，当时"以增资之事奉告，先父颇为赞同"②。1950年，陈厥祥请常务董事叶采真赴新加坡招股。在陈嘉庚的促成下，董事长陈六使出资40万港元，董事李光前出资30万港元，并指明捐献给集美学校，以私立集美学校基金的名义入股香港集友银行。1951年，李光前再出资100万港元，

① 陈国庆：《回忆我的父亲陈嘉庚》，北京：中央文献出版社，2001年，第95页。
② 陈厥祥：《集美志》，香港：侨光印务有限公司，1963年，第162页。

捐献给集美学校,以集美基金的名义入股。这次捐赠,李光前的得力助手李引桐出力不少。陈厥祥在给父亲的信中写道:"福建私立集美学校基金于一九五〇年四月一日为本港行股东,集美基金于一九五一年三月二十日为本港行股东,此二个基金是由儿为负责人。"[1] 至此,除了这些义捐款,还有一些私募款,再加上原有股本,香港集友银行的资本增至200万港元,其中捐给集美学校的共有170万港元。

1950 年,陈嘉庚(右)与次子陈厥祥在香港合影

1950 年,陈嘉庚途经香港,考察香港集友银行并发表演说

---

[1] 《陈厥祥一九五九年十二月四日致陈嘉庚函》,现藏于福建厦门私立集美学校委员会档案馆。

香港集友银行增资时，正逢香港经济转型。"二战"结束后，得益于从中国内地和东南亚等地流入的资金以及安定的社会环境、优越的地理位置等因素，香港的转口贸易和金融业快速复苏。20世纪50年代，社会主义、资本主义两个世界、两大阵营的对峙、争斗愈演愈烈，实行自由港政策的香港也受到了波及。彼时，新中国成立不久，以美国为首的西方国家对中国实行经济封锁；朝鲜战争爆发，美国又联合40多个国家对中国实行全面禁运，导致香港转口贸易大幅下降，这对其经济发展造成了极大的打击。此时，正值西方工业化国家劳动密集型产业向东亚、东南亚等地转移。香港抓住机遇，利用从内地流入的人才和技术，大力发展纺织、服装、电子和玩具等轻工业，经济结构由以转口贸易为主向以轻工业为主转变。轻工业、房地产业相继发展起来，为金融业尤其是银行业提供了新的业务。

资本增加了，又赶上新的发展时机，20世纪50年代初，香港集友银行的业务开始有了较大的发展。1950年4月，为了方便对外服务，香港集友银行迁至中环雪厂街10号旧显利大厦地下营业。1952年，香港集友银行获准为香港外汇银行公会会员以及香港银行票据交换所会员行，是当时22家直接交换行之一。业务虽颇有进展，但面临的困难和波折也不少。当时，由于悬挂五星红旗以及集美学校的两个股东基金户，港英政府及一些西方国家怀疑香港集友银行与新中国有特殊的政治关系。香港集友银行多次向港英当局申请为外汇指定银行均未能获得批准。陈厥祥在致父亲的信中写道："九年来，每年向当地政府申请为外汇指定银行均未能得其批准，因为政府方面对本港行股东基金户甚怀疑，其原因有二点，第一是咱福建私立集美学校基金，第二是咱悬挂五星国旗，当地政府认为本港行与祖国有特别政治机构关系。"① 此外，银行存在美国纽约上海商业银行中的一笔

---

① 《陈厥祥一九五九年十二月四日致陈嘉庚函》，现藏于福建厦门私立集美学校委员会档案馆。

资金被美国政府冻结。陈厥祥在信中告诉父亲陈嘉庚："本港行于一九四九年中经常由吕宋客户委托本港行转美国纽约上海商业银行转交沪之上海商业银行侨汇款项，及至一九五〇年十二月间，当时本港行有余存账尾款项约二万美元在纽约的上海商业银行，美国政府获悉此项消息后，立即下令将本港行所存约二万美元冻结，此事发生后经用种种方法向其交涉无效……"[①] 由此可见，在当时的大环境下，香港集友银行虽处于香港这样的自由港，也无法避免受到冷战的影响。

冷战阴霾笼罩世界，新中国面临西方资本主义阵营的政治孤立和经济封锁。为突破封锁，中央将目光转向奉行自由贸易政策的香港，并赋予其特殊的战略定位。当时负责对外贸易和港澳工作的潘汉年、廖承志向中央建议暂缓收复香港，认为保持现状既有利于香港的发展，又为新中国同世界交往保留了一条通道。毛泽东也认为香港原有地位，有利于新中国发展海外关系和进出口贸易。为此，中央作出了暂不收回香港、"长期打算，充分利用"的决策。这一决策使香港成为新中国转口贸易的重要通道，对双方经济的发展都产生了深远的影响。

香港集友银行凭借地利之便，本着一贯的爱国立场，通过扶持集友银行厦门总行及其上海分行，协助陈嘉庚修复、扩建厦门大学和集美学校，支持新中国建设，为祖国经济、文教事业贡献力量。20世纪50年代，尽管香港集友银行的业务仍处于起步阶段，总经理陈厥祥及董事会仍然竭尽全力推动集友银行厦门总行复业及增设上海分行，不仅筹划联络而且在资金上、业务上提供帮助。在港行的支持下，厦、沪两行的侨汇业务和出口结汇业务颇有起色。厦行在1959年度业务总结中写道："十一月港行设立北角支行，扩大了收汇面，今年侨汇增长情况如以第二季度为100%，则

---

① 《陈厥祥一九五九年十二月四日致陈嘉庚函》，现藏于福建厦门私立集美学校委员会档案馆。

第三季度为 96.3%；第四季度为 169.57%。……由我行加强联系争取记收、加强服务工作及港行努力争取，今年出口结汇叙做数为本行办理出口业务以来最多的一年。"[1]

香港集友银行不仅与内地诸行在业务上互相扶持，而且密切配合，共同协助陈嘉庚支持祖国教育事业。1952 年 8 月 1 日，《集友银行股东会报告书》中写明香港集友银行"逐月盈余尽先拨助私立集美学校经费，为国家培植建设人才，本行始终为教育而经营"[2]。香港集友银行初创时股本为 10 万元港币，经过两次增资，到 1951 年股本达到 200 万元港币，其中 170 万元港币为李光前、陈六使捐给集美学校的义捐款。至此，集美学校持有的股份约占香港集友银行股份的 85%。据张其华回忆，集美学校所持有的香港集友银行股份的股息，早期股本少时是每年 8 万元港币，1951年股本增加后为 12 万元港币。据陈嘉庚计算，李光前、陈六使捐给集美学校的 170 万元港币，每月至少得利 1 万元港币，每年就是 12 万元港币。陈嘉庚在 1955 年 2 月的遗嘱第五条中写道："香港集友银行股本 200 万元，其中义捐股本 170 万元，指明为集美学校基金，每月至少得利 6 厘，即为港币 1 万。"[3]1963 年 7 月 22 日，时任香港集友银行总经理陈厥祥为此专作说明："香港集友银行除办理一般银行业务外，看重联络侨胞沟通侨汇，引导侨资。其义股部分，股息盈余全数补助福建私立集美学校，忠实执行校主遗嘱。""未增资前义股壹佰柒拾万元，遵照校主遗嘱，每月应付股息港币壹万元，逐期拨付私立集美学校，今后当继续执行，若年底结算后该壹佰柒拾万元应派之股息及红利超过此数，应照补。"[4]

---

① 丁志隆：《集友银行档案选编》，福州：海风出版社，2008 年，第 427、428 页。
② 丁志隆：《集友银行档案选编》，福州：海风出版社，2008 年，第 367 页。
③ 《1955 年 2 月陈嘉庚遗嘱》，现藏于福建厦门私立集美学校委员会档案馆。
④ 《张其华先生访谈录》（2013 年 8 月 26 日），现藏于福建厦门私立集美学校委员会档案馆。

陈嘉庚在世时，这些股息由他自己经办，据张其华回忆："多用于购买集美学校扩建所需的建筑材料，一分钱都没有浪费。陈嘉庚先生自己有一本账，集美学校建筑部需要多少材料，他自己就直接写信到香港。当时香港集友银行下属有个集兴公司，集兴公司的经理是集美人陈德丰。陈嘉庚写信给香港，由香港方面的集兴公司办理。"[①]1961 年陈嘉庚去世后，集美学校所需建筑材料则直接由集美校委会建筑部发函到香港联系。香港集友银行对集美学校建设的贡献不仅在资金方面，更重要的是帮助学校采购当时稀缺的建筑材料和物资。张其华回忆："当时买这些材料不容易，进口的材料控制很严，需要得到外贸部批准。学校每批材料进来，都要打报告到中央，得到外贸部的批准才能进口。海关属于外贸部。进口材料，厦门海关不敢批准，都需要外贸部的批文，厦门海关才敢放行。有时候是香港交钱，广东发货，比如当时广东的'五羊牌'水泥，这种水泥我们当时在内地买不到，因为这种水泥有出口的任务，所以我们只好到香港去买，变成香港交钱，广东拿货。"[②]

20 世纪 50 年代中期以后，由于香港工业发展加速推进，带动经济高速发展，人均收入大幅提高等原因，银行存款数激增。大小银行纷纷开设分行。香港集友银行连续开设了多家分行，还购置了几处物业，经营渐有起色。在此期间，遵照陈嘉庚的嘱咐，陈厥祥的长子陈克承入职香港集友银行。陈厥祥在《集美志》中写道："先父着克承回香港切实在集友银行任职，为社会服务。"[③]随着香港集友银行业务水平不断提升，经过陈厥祥和陈克承等管理层的多方努力，1959 年 8 月，集友银行获准为外汇授权银行。随即，银行在英国伦敦汇丰银行开立外币存款户，开始直接经营外汇进出口业务，并建立海外代理关系。同年 11 月，银行购置行址，在香港开设第一家支

---

① 《张其华先生访谈录》（2013 年 8 月 26 日），现藏于福建厦门私立集美学校委员会档案馆。
② 《张其华先生访谈录》（2013 年 8 月 26 日），现藏于福建厦门私立集美学校委员会档案馆。
③ 陈厥祥：《集美志》，香港：侨光印务有限公司，1963 年，第 162 页。

行——北角支行。1960 年，又在九龙漆咸道 240–242 号地下购置行址，开设第二家支行——红磡支行。开设两家分行后，香港集友银行的服务范围进一步扩大，在香港银行界声誉日隆。因此，1962 年香港银行票据交换所为提高工作效率，将直接交换行由原来的 25 家减至 16 家时，香港集友银行仍能在其中保有一个席位。从 1951 年到 1963 年，香港集友银行的股本翻了一番多，从 200 万港元升值为 450 万港元，又招 50 万港元，达到 500 万港元。1962 年，香港集友银行购入德辅道中 76–80 号物业三幢，成立诚信置业有限公司，筹建总行大厦。至此，香港集友银行已初具规模。总经理陈厥祥在1963 年编撰出版的《集美志》中回顾该行十六载风雨历程时说："自开幕至现在，蒙旅港各同乡及各界人士之支持与爱护及本银行各同人之通力合作，为社会顾客服务。十六年来惨淡经营，本银行之业务方有今日之初基也。"[1]

1959 年 11 月，香港集友银行北角支行开业

---

[1] 陈厥祥：《集美志》，香港：侨光印务有限公司，1963 年，第 162 页。

1960 年 1 月，香港集友银行在九龙漆咸道 240-242 号地下自置行址开设红磡支行

第三节 加盟中银 羽翼渐丰

1965 年前后，香港发生了一场银行危机。这场危机从 1961 年廖创兴银行爆发挤提风潮开始，到 1965 年达到高潮。其间，香港本地多家中小型的银行遭挤兑，更有几家银行倒闭。香港经济连续几年都处于不景气状态，中小银行经营极为艰辛。香港集友银行虽然尚能勉力支撑，但也出现了资金周转困难的问题；再加上港英政府重订《银行业条例》，进一步加强对银行业的监管，使其处境更为艰难。

廖创兴银行挤提风潮爆发后，港英政府制定并通过了《1964 年银行业条例》，其中要求每家银行至少保证流动资金比例为 25%。1965 年银行危机，又促使港英政府于 1967 年对《银行业条例》进行修订，其中至为重要的一条是将银行实收股本的最低限额从 500 万港元，提高到 1000 万港元。香港集友银行的股本为 500 万港元，尚需增资 500 万港元。

如何渡过难关？ 1964 年香港集友银行总经理陈厥祥去世，董事会推选陈克承接任总经理。面对资金周转困难的问题，他和董事长陈六使、董事陈光别、李引桐等人想了很多办法①。陈六使在集友银行存款近 100 万港元，陈光别存款数十万港元；陈克承拿出物业来担保，其他董事也以现金、股票、物业作为担保。这一系列措施使得银行流动资金比例保持在 20%，但仍存在较大的资金缺口。

要找谁来投资呢？ 当时集友银行可选择的合作对象不止一个。据李引桐回忆，有人推荐印度尼西亚华侨参股。集友银行与华侨关系密切，历次增资皆以华侨资金为主。在香港银行危机中，不少华资银行选择与实力强劲的英资、美资银行合作。这些银行背后是经济发展逐渐进入"黄金时

---

① 香港集友银行的董事、主要投资人李光前于 1967 年因病逝世。

期"的西方资本主义国家。从商业角度来说,这两者似乎都是不错的选择。亲历此事的陈光别回忆道:"面对此艰险局面,陈六使董事长,李引桐、陈克承总经理及其他董事等均十分担心。为了渡过这难关,董事会考虑了各种措施,包括邀请外人加入我行。我不禁想起六四年赴京时,明理兄意重深远地叮嘱:'光别兄,你千万要告诫克承,若银行有困难时一定要背靠中国银行,要紧记其祖父在星(新加坡)之事业受某外国银行催迫致垮的惨痛致训。'大家经一番琢磨,遂决定请香港中国银行援助。"[①] 1968年7月,集美学校委员会授权中国银行香港分行代管集美学校在香港集友银行的股份,奠定了双方合作的基础[②]。同年11月,董事长陈六使召集董事陈光别、陈佩贞、李引桐、王素虹、白圻甫、陈克承、陈友志,举行董事会,决定委聘中银香港代管集友银行。据当时亲历整个过程的李引桐先生回忆:"(1968年)11月1号中行请吃饭。11月2号董事会接受中行。11月30号七点卅分集美(学校)股票才交出来,这就是托管过程。12月1日六使请银行职员吃饭时说:'学校是国家的,你们要为国家办事。'"[③]

1970年,为达到香港《银行业条例》规定的1000万港元的最低资本额,董事会决议增加资本,并邀请中国银行注资参股。中国银行香港分行注资500万港元,使香港集友银行的股本达到1000万港元。中国银行占股最多,达50%。此举在某种意义上保住了香港集友银行的招牌。香港集友银行正式加入中国银行的大家庭,融入国家建设事业当中。香港集友银行董事长仍由陈六使担任。1973年他病逝后,董事会推选陈光别接任。陈克承辞去总经理一职。中国银行委派原宝生银行的吴钰荪担任总经理,原

---

① 陈光别:《四十年历程回顾》,载《香港集友银行创办四十周年纪念特刊》,第5页。
② 《福建厦门市私立集美学校委员关于委托中国银行香港分行为集友银行股份代理人的委托书》(1968年7月25日),现藏于福建厦门私立集美学校委员会档案室。
③ 《李引桐先生谈话纪要》(1988年6月15日),现藏于福建厦门私立集美学校委员会档案室。

交通银行北角办事处主任黄定方任襄理，王定而当会计主任。香港集友银行加入中国银行的两年后，集友银行厦、沪两行先后由中国人民银行接管。自此，集友银行只余香港一家，肩负创行初衷和使命，继续前行。

中国银行 1912 年成立，1917 年于香港设立分行，在民国时期先后承担中央银行、国际汇兑银行和外贸专业银行等职能。1929 年，中国银行在伦敦开设中国金融业第一家海外分行，并陆续在世界各大金融中心相继设立分支机构。新中国成立后，中国银行及其分布在世界各地的分支机构，包括其香港的分行，由中央人民政府接管。凭借积累多年的国际化经验，中国银行成为国家外汇外贸专业银行，统一经营管理国家外汇，开展国际贸易结算、侨汇和其他非贸易外汇业务，全力支持国家外贸发展，并充分发挥其在港澳及海外机构的作用，成为新中国融入世界的金融通道。中国银行具有雄厚的实力、丰富的专业经验。其在香港的分支机构——中国银行香港分行，自新中国成立后，陆续接管了多家华资银行，初步形成后来的中银集团的雏形；不仅资金充裕，而且汇集了庄世平、张锡荣等一大批经验丰富的金融人才。

有了中国银行作后盾，集友银行获得了更多的发展空间和优势，立足香港努力拓展本地业务。20 世纪 70 年代，中国银行香港分行多次增资，集友银行的资本不断增加，由 1000 万港元增加至 2000 万港元；1978 年再度增资，由 2000 万港元增加至 3000 万港元。资本增加的同时，集友银行还陆续设立了多家分支机构，1972 年 9 月，在湾仔轩尼诗道 319 号开设东区支行（现湾仔分行前身）；1979 年 3 月，自置九龙荔枝角道 235–237 号地下开设深水埗支行；同月成立全资附属机构集友财务有限公司，开展多元化业务。随着资本和分支机构的增加、营业范围的扩大，集友银行的市场地位及同业竞争力不断提升，渐渐在香港站稳了脚跟。

自从 1968 年集美学校在香港集友银行的股份由中国银行代管后，二者之间断了联系。据张其华回忆："1968 年的 7 月份，香港集友银行委托中国银行管理，就交出去了，与集美学校方面就没有联系了，包括经济账目也不再有往来。"[①] 香港集友银行与集美学校虽然没有了直接联系，但是继续通过为国家建设作贡献来支持学校发展。国家发展好了，集美学校的发展自然会更好。香港集友银行配合中国银行香港支行执行国家的外汇政策以及对香港"长期打算，充分利用"的战略决策，在为香港与内地的进出口贸易融资，为国家获取计划经济所需要的黄金、外汇，为香港制造业、房地产业发展提供资金等方面，尽了一己之力。

---

① 《张其华先生访谈录》（2013 年 8 月 26 日），现藏于福建厦门私立集美学校委员会档案室。

第三章　行稳致远　唯实励新

1978 年，随着改革开放政策的实施，中国开始了融入世界市场、走向繁荣富强的征程。香港作为中国对外经济、金融交往的桥梁，继续发挥着重要的作用。香港回归祖国后，内地、香港合作共赢，两地社会经济迎来繁荣发展的大好局面，为香港中资银行提供了发展的良机。

为了配合国家发展战略、因应新形势，1983 年中国银行香港分行以及其他 13 家中资银行及专业公司，整合为"港澳中银集团"（简称"中银集团"）。集友银行成为中银集团的一员。2001 年 10 月 1 日，中银集团按照现代银行经营理念，重新设计组织架构和经营策略，将旗下 12 家兄弟行及中银信用卡（国际）有限公司重新组成中国银行（香港）有限公司（简称"中银香港"）。集友银行成为中银香港的附属机构。

在中银集团和中银香港的带动下，集友银行在进一步深耕香港市场的同时，将业务拓展至内地，重回福建，在厦门、福州开设分行，再一次建立起联通闽港的架构。

第一节　重返福建　闽港联动

改革开放后，香港作为中外交往、贸易的要冲，吸引了越来越多的中外客商、企业云集于此，大大促进了香港贸易、金融等行业的发展，基础设施建设、房地产业也随之迅速发展起来；而香港制造业则趁势北上，到内地投资兴业。20世纪80年代至90年代，香港经济成功地完成了转型，从以制造业为主转向以服务业为主，形成了以贸易及物流业、金融服务业等为支柱的产业格局。在香港经济转型腾飞的过程中，尤其是中资企业南下香港和香港制造业北上内地的过程中，以中国银行香港分行为首的香港中资银行获得了前所未有的发展机遇。

在中国银行总行的领导下，1983年1月，中国银行香港分行以及交通银行、新华银行、金城银行、中南银行、广东省银行、浙江兴业银行、国华商业银行、盐业银行8家内地注册银行的香港分行，南洋商业银行、宝生银行、集友银行、华侨商业银行4家本地注册银行和中国银行澳门分行这13家中资银行及专业公司，整合为"港澳中银集团"，由中国银行港澳管理处领导。

中银集团成立后，开展管理规范化、经营多元化、服务现代化建设。在管理上，大力推动集团内各行的管理实现规范化；在经营上，逐步从商业银行转型为综合性金融机构，从以存贷款、贸易融资、外汇买卖等传统的银行业务为主，转而涉足证券交易、直接投资、一般保险等更为广阔的业务领域。在服务上，积极开展金融创新，在业务品种、服务手段和渠道上推陈出新，尝试运用新的金融技术、金融工具，不断推出新的金融服务。经过一系列向内改革、向外开拓的努力，其整体实力不断增强。1994年5月，中银集团获准发行港币，成为继汇丰银行、渣打银行之后的第三家发钞银行。

规模小、资金少、管理相对薄弱的集友银行在中银集团的带动下，面貌一新。集友银行得到中银集团的支持和照顾，在业务上有了长足的进步，并且尝试向多元化发展。1981年3月，集友银行代理集团内兄弟行——宝生银行的黄金现货买卖业务。同年，先后自己置业开设上环支行、油麻地支行、西区支行，还成立全资附属机构——集友银行（代理人）有限公司办理各项信托业务。1982年，自置行址开设青山道支行。同年，设立外汇部为客户提供外汇买卖业务，并参与资金市场活动，涉足商业银行业务，力求多元化和专业化；还担任"中国建设财务有限公司"发行存款证经理行之一。在多元化经营的同时，集友银行尝试金融创新，运用新的金融技术、金融工具，推出新的金融服务。自1983年开始，为存户提供自动柜员机的服务。同年，加入1982年成立的银联通宝有限公司（JETCO），为其属下会员行之客户提供随身现金、随身银行的服务，凭中银卡或其他"银通"成员银行提款卡，随时均可使用遍布香港、澳门、深圳及珠海的300多部银通柜员机。

1983年开始担任集友银行总经理的何坤认为，加入中银集团大大促进了集友银行业务的发展。他说："集友银行因原资本额较小，在开展业务方面受到一定的限制和困难，加入中银集团后，随着业务发展的需要，在资金融通方面，兄弟行给予了有力的支持，促进了我行业务迅速的发展。公积储备逐渐增多，资本额也相应增加，从伍佰万元增至三亿港元，为业务发展提供了更有利的条件。……由于市场经济形势的变化，业务不断地扩大，经营品种逐渐增多，同业竞争日趋激烈，中银集团为各行提供了计算机服务，我行各项业务逐步实现了计算机化操作，并先后加入了中银集团计算机联线和银联通宝的自动提款机服务，为开拓业务，便利客户，提供更快捷的服务。近几年来，积极开展海外进出口押汇业务，加强了和国际同业相互往来关系。因此，海外进出口押汇业务每年均有大幅度增长，使我行业务发展有了显著的变化。"①

集友银行在中银集团带领下，积极参与香港和内地经贸投资往来，不但获得了更大的发展空间，也支持了国家改革开放和现代化建设。1980 年开始，中国先后在广东的深圳、珠海、汕头和福建的厦门设立经济特区，"先行先试"，实行特殊的经济政策和经济管理体制，引进外资、先进技术和科学管理方法，发展外向型经济。中银集团响应国家政策，利用熟悉香港和内地市场的优势，为国家引进外资，为外商、港商到内地投资牵线搭桥。在这种形势下，集友银行成立了中国投资咨询部，为内地建设引进资金，介绍海外华侨、客商到内地投资；并借势重回发源地福建，着力支持厦门经济特区建设。

1980 年 10 月，中央决定在厦门岛北部湖里划出 2.5 平方公里，设立厦门经济特区，并于次年 10 月正式动工兴建。此时尚处于改革开放之初，外资仍在犹豫观望。一些关心家乡和祖（籍）国发展的港商、侨商率先到内地投资，为经济特区建设带来资金、技术和人才。集友银行在其中起到了积极的作用。厦门经济特区建立不久，集友银行总经理何坤即联络香港一些银行、商行到厦门投资，并组织各行代表赴厦门参观、接洽。1983 年 5 月，集友银行邀请港九客户组织旅行参观团，到厦门参观访问。参观团一行 14 人，由业务部经理陈德丰等人率领。陈德丰是厦门集美人，也是集美学校的校友，毕业于集美商业学校，在集友银行任职 20 余年。此前，他已阔别故乡 30 多年。在厦期间，他特地到集美探访亲友，游览集美学校，亲身感受到了新中国成立 30 多年来的巨大变化，当即表示对厦门经

---

① 何坤：《献词》，载《集友银行创办四十周年纪念特刊》，第 7 页。

济特区建设前景充满信心，愿为厦门经济特区建设出力。

厦门经济特区开始大刀阔斧的建设，但是由于引进外资困难，建设资金面临巨大的缺口，必须另谋出路。厦门市领导提出了与银行合作开发厦门经济特区的设想。同时，中国银行总行也在思考如何贯彻中央关于办好经济特区和支持沿海城市、定几个试点发挥作用的文件精神，有意以厦门作为中国银行用好、用活银行资金的试点。于是，双方一拍即合，很快达成了合作意向。1983年4月，厦门经济特区建设发展公司（简称"建发公司"）、中国银行总行信托咨询公司和集友银行、南洋商业银行、华侨商业银行、宝生银行、澳门南通银行等港澳中资银行和企业三方代表，在北京签订了《关于成立厦门经济特区联合发展公司协议》。7月20日，建发公司、中国银行总行信托咨询公司和港澳5家银行分别派出代表，在香港签订了《厦门经济特区联合发展有限公司总合同》。两个月后，厦门经济特区联合发展有限公司（简称"联发公司"）获准成立。在联发公司成立过程中，集友银行作为港澳5家兄弟行的代表参与其中；并在联发公司成立后，大力支持其开发建设湖里工业区。

1984年2月，邓小平视察厦门后不久，中央宣布厦门经济特区扩大至整个厦门岛，并逐渐实行自由港的某些政策。为进一步支持经济特区的建设，同年4月，集友银行设立中国投资咨询部。5月4日，在厦门市华新路35号设立内地首个代表办事处，由陈德丰负责，开展洽谈、联络、咨询、服务等非营利性业务。

外国企业在中国常驻代表机构

批 准 证 书

编号 2001(C)第 63

根据中华人民共和国国务院一九八〇年十月三十日发布的"关于管理外国企业常驻代表机构的暂行规定",兹批准 香港集友银行

在 中国福建厦门 设立常驻代表机构。代表姓名如下： 陳德丰 (Mr. TAN TEK-HONG)

此证。

一九八〇年 四月二日

1984 年 4 月 2 日，香港集友银行在厦门设立代表处获批证书

1984 年 5 月，香港集友银行厦门代表办事处在厦门华新路 35 号开幕

1985 年，习近平同志来到厦门担任市委常委、常委副市长。当时厦门经济特区刚刚扩大到全岛，资金短缺的问题尤为突出。习近平同志分管财政，为解决这个棘手的问题，推出了许多具有开创性的举措，"厦门率先建立经济特区金融体系，率先借外债搞基础设施建设，率先成立外汇调剂中心，率先组建金融同业公会，成立了全国第一家中外合资银行——厦门国际银行"①。在习近平同志以及中银集团港澳管理处主任黄涤岩的推动下，中银集团把支持厦门经济特区建设作为重点项目。当时中银集团内部对到厦门发展有疑虑，但是习近平同志的一颗"定心丸"进一步促成了这件对双方来说都有利的大好事。代表中银集团洽谈项目的中银集团港澳管理处副主任林广兆对 1985 年在香港与习近平同志见面时的谈话记忆犹新："交谈中，习近平把厦门的特区建设扩大到全岛后具体有哪些发展规划，特别是哪些地方需要中银集团的资金支持，非常详细地进行介绍。尤其是这些

---

① 《习近平同志推动厦门经济特区建设发展的探索与实践》，载《人民日报》2018 年 6 月 23 日 1 版。

项目会给老百姓带来什么好处，他介绍得特别清楚。""当时我说，改革开放，我们应该对福建家乡多关心、多支持。不过，我们很多同事对厦门发展有疑虑，说香港的业务都做不完，内地交通不便、情况不熟，这样的业务不做也罢。""请放心，这些项目我们市里一定会负责到底。""好，你也算给我吃了'定心丸'。我相信家乡政府。我们一定在同等条件下优先支持家乡。"① 此后，在香港中银集团"先试先办，灵活变通"的支持下，嵩屿电厂、翔鹭化纤等一批项目纷纷在厦门落地开花。中银集团还推动香港集友银行在厦门设立分行。1986 年 1 月 8 日，香港集友银行厦门代表处升格为厦门分行，迁址中山路 444 号新侨酒店，是厦门首家外资独资银行。厦门分行成立后，引进香港的"楼宇按揭"业务，成为当时厦门的创新金融产品。香港集友银行总经理何坤在总结集友银行对改革开放和特区建设的

1986 年 1 月 8 日，香港集友银行厦门分行开幕

---

① 本书编写组：《闽山闽水物华新——习近平福建足迹》（上），福州：福建人民出版社；北京：人民出版社，2022 年，第 326 页。

贡献时说："近几年来经我行提供贷款投资项目达 35 个，遍布在国内 12 个省、市，并在厦门经济特区开设了厦门分行，为经济特区提供了全面性的银行服务，对特区企、事业的业务人才培训也尽了一份力量。"①

1985 年，香港集友银行与厦门人民银行合作举办银行从业人员国际结算培训班

1987 年，集友银行迎来在香港创业发展的第 40 个年头，整体实力与创行之初相比较，有了巨大的进步，尤其是加入中银集团的近 20 年间变化最大。何坤指出："近廿年来，由于在集团的统一指导下，使我行各项业务有了较大的发展，存款增长 46 倍，放款增长 53 倍，总资产增加了 47 倍，为我行进一步发展奠定了基础。"②集友银行原副总经理陈世共，从 1959 年至 1984 年在集友银行服务，前后长达 24 年。他见证了集友银行加入中银后的巨大变化："一九六八年前几乎无盈利，一九六八年后盈利稳步增长，每年

① 何坤：《献词》，载《香港集友银行创办四十周年纪念特刊》，第 7 页。
② 何坤：《献词》，载《香港集友银行创办四十周年纪念特刊》，第 7 页。

都有盈利累积，分支行增加五倍，从两间增加至十一间，职工增加四倍，并逐步实现年轻化、专业化，操作从原始手工键盘到全部实现电脑化。由于参加全港最大规模的'银通'自动提款机，客户可在全港九385台自动提款机提款、存款和转账，十分方便。"[1] 陈世共是厦门大学校友，自认为是陈嘉庚培养的千千万万学子之一，对他特别尊敬，对集友银行怀有一种特殊的感情。"我以能够为陈嘉庚先生的爱国教育事业服务而感到无上的光荣，虽然自问贡献绵薄，但我已把一生的主要岁月献给这家银行，和她同患难，共甘苦，建立起深厚的感情。我衷心地祝愿这家银行日益壮大，兴旺发达。"[2] 他的一番话说出了老一代集友人追随陈嘉庚、为爱国教育事业服务的责任担当和奉献精神，也表达了对银行未来发展的期许。

随着改革开放的深入发展，集友银行的业务蒸蒸日上。1988年，厦门分行获准试点经营有限制的人民币业务，成为全国可经营人民币业务的第一家外资银行。

1988年，中国人民银行厦门市分行函复

---

[1] 陈世共：《发扬陈嘉庚的爱国精神 把集友银行办得更好》，载《香港集友银行创办四十周年纪念特刊》，第26页。

[2] 陈世共：《发扬陈嘉庚的爱国精神 把集友银行办得更好》，载《香港集友银行创办四十周年纪念特刊》，第27页。

1988 年 7 月，经中国人民银行批准，集友银行在福州古田路于山宾馆一号楼设立代表办事处，由李金佑负责。福州代表办事处的设立进一步提升了集友银行在闽港两地的网络优势。进入 20 世纪 90 年代，内地与香港经贸来往日新月异，为集友银行的发展提供了新的增长点。集友银行参与多笔内地基建项目及银团贷款、担任 IPO 包销商及主收票行，业务进一步腾飞发展。

1988 年，香港集友银行福州办事处开幕

1992 年 11 月 18 日，福州代表办事处获中国人民银行批准升格为集友银行福州分行，姚洪彬任行长，并于 1993 年 1 月 8 日正式开业。此后，集友银行的业绩连年攀升，发展势头良好。1993 年，集友银行总资产达 189 亿港元，在港有 19 家支行，在内地有厦门、福州两家支行，当年利润达 2.9 亿港元，比上年增长 26.3%。据英国《银行家》杂志公布，集友银行于 1993 年进入了世界千家大银行的行列，排在第 980 名。1993 年、1994 年连续两年获"汤臣百卫"亚洲区最佳表现银行第二名。1995 年再创

佳绩，世界排名跃升 281 位，列第 699 名。1996 年，集友银行经营成绩非凡，纯利达 6 亿港元，比上年增长 28.3%，明显高于香港同业平均 12.7% 的增幅。

中国人民银行

集友银行：

　　贵行总经理吴文拱先生一九九二年六月二十五日致我行李贵鲜行长的函收悉。参照《上海外资金融机构、中外合资金融机构管理办法》，兹批准贵行福州代表处改为分行，名称为"集友银行福州分行"。同意姚洪彬先生任贵行福州分行行长。集友银行福州分行可以经营下列业务：

　　一、外币存款；
　　二、外币放款；
　　三、外币票据贴现；
　　四、外币投资；
　　五、外币汇款；
　　六、外汇担保；
　　七、进出口结算；
　　八、自营或者代客买卖外汇；
　　九、代理外币及外币票据兑换；
　　十、代理外币信用卡付款；
　　十一、保管及保管箱；
　　十二、资信调查和咨询。

　　请贵行按有关规定办理登记和申领《经营外汇业务许可证》等有关事宜。

一九九二年十一月十八日

1992 年 11 月，中国人民银行批准集友银行福州代表处升格为福州分行吴文拱1992年出任集友银行总经理。他认为集友银行在20世纪90年代的飞速发展，"靠的就是祖国实行改革开放政策，国家经济蓬勃发展；靠的是中银集团的优势，通过制度化、电脑化、业务品种多样化，为银行的发展提供有利条件；靠的是福建乡亲、海外华侨、广大客户的大力支持和配合。祖国经济的腾飞，香港作为亚太地区金融中心、航运中心、贸易中心、信息中心的地位更加稳固。集友银行也借此机遇，拓展业务，才有今日的业绩，经济发展是银行发展的最大动力"[①]。林广兆在1999年至2002年担任集友银行副董事长。他认为中银集团的支持及福建业务的开展，是集友银行稳步壮大的重要因素，也有助于继续弘扬"嘉庚精神"。

1993年7月，集友银行举办总行大厦扩建落成酒会

---

① 陈忠信：《访港回来，话回归》，载《集美校友》1997年第3期。

他指出集友银行加入中银集团，"通过中银集团增资，提高了财政竞争力，以助发展壮大及继续弘扬陈嘉庚先生的爱国精神"[①]。

集友银行重回福建，不仅业务节节攀升，还与集美学校再续前缘。1980年，根据中央拨乱反正、落实政策的相关文件，中国银行总行指示将原属集美学校的股权代管权归还福建省厦门市私立集美学校委员会（简称"集美校委会"）；并根据国务院侨办的建议，由庄明理、张其华及陈朱明代表集美校委会担任集友银行董事。为弘扬"嘉庚精神"、继承陈嘉庚的遗志、赓续集友银行"以行养校，以行助乡"的初衷，1989年集友银行股东捐资成立集友陈嘉庚教育基金会（现厦门市陈嘉庚教育基金会），用于奖励集美学校优秀师生；1994年，设立集友科技成就奖，每年拨出10万港元，用于奖励福建省有突出贡献的科技人员。吴文拱说："当年陈嘉庚创办集友银行是希望银行盈利补助集美学校的教育经费。陈老先生此举得到南洋华侨商贾的积极响应。饮水思源，在银行发展的同时，也要为祖国，为教育事业多做一点儿贡献。"[②]

第二节　背靠祖国　深耕香港

1997年4月23日，集友银行举行了第50届股东大会。总经理吴文拱对银行未来的发展充满信心。他提出，集友银行以"立基香港，连通内地和香港，联系华侨，努力办成一家具有中国传统风格的现代化银行"[③]为经营发展策略，争取在20世纪末税后纯利突破1亿港元，为内地和香港的发展作出应有的贡献。集美校委会副主任陈忠信应邀参加股东会，吴文拱

---

① 《集友银行七十周年纪念特刊》，第109页。
② 陈忠信：《访港回来，话回归》，载《集美校友》1997年第3期。
③ 陈忠信：《访港回来，话回归》，载《集美校友》1997年第3期。

对他谈起香港回归，欣喜之情溢于言表："香港回归在即，这是炎黄子孙盼望一百多年的愿望，在这个划时代的历史时刻，我们要团结六百万港人，认真贯彻'一国两制''港人治港''高度自治'的基本国策，同心协力，以经济、民生、政治、文化等方面去创造一个美好灿烂的香港。香港人民深信，香港一定会保持繁荣和稳定，会不断提高自身的国际竞争力，继续维持金融、贸易、航运、信息及服务中心的地位，香港的明天一定会更好。"①

1997 年 7 月 1 日，中国政府对香港恢复行使主权，举国欢腾。香港回归不久，集友银行迎来在港创业的第 50 个年头，可谓双喜临门。为此，银行不仅举行庆祝酒会，还在菲律宾举行"九七香港经济研讨会"，准备进一步发展华侨业务。在一片欢庆的气氛中，从泰国开始的金融风暴逐渐

1997 年，香港集友银行在菲律宾举办"九七香港经济研讨会"

① 陈忠信：《访港回来，话回归》，载《集美校友》1997 年第 3 期。

向亚洲各地蔓延，很快波及香港。国际炒家连续对港币发起攻击，引发了一场金融大战。因受到金融战的影响，香港股市、房市大跌，到1998年的第二季度GDP呈负增长。在生死存亡之际，中央政府为香港提供了坚强的后盾，香港中银集团积极配合，并采取措施全力支持香港特区政府，最终打赢了这场金融保卫战。

这次金融风暴虽然没有波及内地，却使中央政府认识到国有商业银行存在的一些问题，尤其是日益突出的银行坏账问题。于是政府推出了一系列改革措施，推动国有商业银行市场化，其中包括股份制和海外上市。2001年，中银集团筹备在香港上市。2001年10月1日，中银集团按照现代银行经营理念，重新设计组织架构和经营策略，将旗下12家兄弟行及中银信用卡（国际）有限公司重新组成中国银行（香港）有限公司（以下简称"中银香港"）。重组之后，中银香港成为资产及存款规模仅次于汇丰银行的香港第二大银行集团。2002年7月25日，中银香港在香港联交所挂牌上市，成为首家在国际资本市场上市的中国国有控股商业银行。在重组上市的过程中及上市后，中银香港严格接受香港注册和上市的监管要求，通过外部监管、公众监督推动公司治理和管理机制的改革，大大提升公司治理水平和透明度；同时，转变经营理念，重新设计经营策略，明确以实现股东价值最大化和向客户提供优质服务为企业的发展目标。中银香港通过这次重组上市，还加强了对集团内部各成员的管理，统一了品牌和管理机制。

中银集团重组上市后，集友银行成为中银香港的附属公司。在集团的示范和指导下，集友银行借鉴国际先进银行和现代企业管理的理论和方法，更新组织架构和管理理念，采取了以下措施：全面引入战略经营单位（SBU）管理模式；健全风险管理及监察机制，设立了直属董事会的审计委员会；建立全面问责制，引进有竞争力的薪酬激励机制……在更为现代化、科学化、合理化的组织架构和新的管理理念作用下，集友银行有效地提升了公司治理及客户服务水平；不但为客户提供更专业、更便捷的服务，而且不断开拓更有特色的创新型产品。

在加强内部管理的同时，集友银行持续推进内地业务。2001 年 8 月，为配合珠三角地区的融合发展，集友银行成立了珠三角拓展组，专注在珠三角地区开拓新的客户，制定"两条腿走路"的拓展策略，即以地区和行业作为重心，将其上、下游企业作为业务开展对象。2002 年，集友银行厦门分行和福州分行获准经营全面外汇业务，业务对象扩展至内地居民和企业。香港与内地业务持续推进，集友银行的收益和规模不断扩大和提升。1997 年资产总值在世界银行中排名第 603 位；资本排名世界第 560 位，亚洲第 185 位。2000 年底，英国《银行家》杂志公布世界 1000 大银行资本排名，集友银行名列世界第 465 位。2003 年集友银行年利润达 4.85 亿港元，较上年增加了 6.5%，综合总资产达 308.1 亿港元。

2003 年是香港经济"峰回路转"的一年，刚刚呈现复苏之势就遭到非典疫情的侵袭；导致上半年持续受到通货紧缩、楼市下跌、股市低迷的困扰。银行业面临发展困局。到了下半年，随着内地居民赴港"个人游"计划和《内地与香港关于建立更紧密经贸关系的安排》（CEPA）的逐步落实，香港经济再现曙光。"内地因素"日益成为影响香港经济尤其是银行业发展的最重要的因素。同年 11 月，国务院批准香港本地银行可从 2004年起试行个人人民币业务，受到了香港各界尤其是银行界的欢迎。2003 年12 月，中银香港获中国人民银行委任为香港人民币业务清算行，并且是香港人民币业务的唯一清算行。集友银行管理层对未来的发展充满信心，认为在中银集团的支持并发挥自身的竞争优势下，集友银行将会从香港经济复苏和内地经济快速发展中，得到更多的业务发展机会。并在年报中提出未来的发展思路：致力于为客户提供专业理财及优质融资服务的同时，积极拓展企业银行业务，发挥集友银行服务中小企业的优势，提供灵活、贴身的服务；继续发挥熟悉内地市场的优势，配合工商企业客户进入内地市场开拓业务，并积极部署在珠三角、福建省及长三角提供更全面的银行服务。

内地经济持续繁荣、CEPA 的实施和个人人民币业务在香港启动，使香港经济凭借背靠祖国、面向世界的优势，稳步发展，持续向好。这些利好因素，给包括集友银行在内的香港中资银行的发展注入了新动力。集友银行的经营管理者，因应时代及市场变化，以开拓创新的精神，从提升客户关系管理、提升产品竞争力、优化渠道管理等方面着手，加强自身建设，拓展业务。集友银行的效益和规模持续攀升。2006 年，全年税前盈利增长 28.1%，税后盈利同比增长 13.3%，完成全年指标 107.1%；客户存款余额 275.7 亿港元，放款余额 111.49 亿港元，全年净利息收入较前年增加 21.2%。至 2007 年，当年净利润为港币 7.75 亿元，较上年增加 38.4%，总资产达港币 390 亿元。2007 年是集友银行在香港发展的第 60 个年头。经过一个甲子的奋斗，集友银行已发展成为具有相当规模的现代化商业银行，在香港银行界争得了一席之地。正如时任集友银行董事长的和广北在 2006 年年报中致辞："过去的一个甲子，本行业务与香港经济共同成长，亦与国家的发展息息相关，经过几代人努力不懈、精心经营管理，本行已成为一家业务品种繁多，客户遍布中国内地和香港以及东南亚地区，通过 23 家本地分行和福州、厦门两家内地分行，贯彻了本行'立基香港、联通内地、联系华侨'的服务宗旨，为客户提供'灵活、快捷、贴身'的银行服务。"

2008 年，全国各地沉浸在喜迎北京奥运会的氛围中。集友银行也派出以时任集友银行副总经理陈耀辉为代表参加北京奥运火炬福建段的传递。同年，一场由美国次贷危机所引发的世界性金融海啸席卷全球。在金融海啸的冲击下，香港经济衰退，金融、贸易等行业遭重创。中央政府通过推动内地与香港加强金融合作、粤港经济合作等多项措施，帮助香港渡过难关。这次危机使中央政府意识到外汇储备管理、国际贸易及资本流动过于依赖美元的巨大风险，从而采取人民币国际化、重构国际货币体系、开展区域货币金融合作等措施，来降低全球范围内对美元的依赖，提高人民币及其他货币的地位。在这种形势下，从 2004 年开始试点人民币业务的香港，于 2009 年正式成为最早设立的离岸人民币中心之一。人民币业务成为香港银行业的一大增长点。同年 6 月，内地与香港跨境贸易人民币结算业务正式开展。

集友银行抓住机遇，在获准正式经营人民币业务后，利用自身优势，在香港积极开展相关业务，通过提供香港居民和企业的人民币存款、兑换业务，结合跨境结算配套服务，扩大了人民币资金的规模；并引入多项人民币基金、保险、债券产品，满足客户的人民币资金投放需求；还大力发展个性化的企业人民币融资服务，为客户提供全方位的人民币服务方案。同时，着力拓展内地业务，进一步优化福州、厦门分支行的服务和管理，充分配合客户的运作需求，进一步提升内地与香港两地产品、团队和网点的联动服务，为客户的跨境业务提供更全面的服务解决方案。由于发展策略得当，香港集友银行收益及资产连年增加，获得各方好评。2011 年，年利润为 9.72 亿港元，较上年增加 55.87%，综合总资产为 441 亿港元。2011 年、2012 年，连续两年入选《亚洲周刊》公布的"亚洲银行 300 排行榜"，分别排名第 16 位和第 8 位。

2009 年 3 月，香港集友银行厦门集美支行在嘉庚故里开幕

　　业务发展的同时，集友银行不忘弘扬"嘉庚精神"、履行社会责任。谢小玲于 2012 年 8 月至 2016 年 2 月担任集友银行副董事长兼行政总裁。在她看来"以银行盈利反馈集美学校的崇高理念"[1]是集友银行的独特之处，陈嘉庚等先辈创办集友银行的历史是宝贵的精神财富，"必须要好好将陈嘉庚先生爱国兴学的理念、倡办集友的历史广泛传播和践行"[2]。在她的倡议下，2013 年，为纪念陈嘉庚先生创办的集美学校 100 周年，集友银行向集友陈嘉庚教育基金会捐赠 100 万元人民币。另外，她还在总行大楼设立"集友历史墙"，"让员工有机会去认识集友历史，像播种一样，满满培养出阅读行史的文化，也让员工领略到作为集友人有着崇高的历史使命"[3]。

---

① 《集友银行七十周年纪念特刊》，第 111 页。
② 《集友银行七十周年纪念特刊》，第 111 页。
③ 《集友银行七十周年纪念特刊》，第 111 页。

第四章　逐梦跨越　宏图大展

2012 年，党的十八大开启中国特色社会主义新时代，中华民族迎来了从站起来、富起来到强起来的历史性飞跃。中共中央坚持改革开放的强国之路，提出"一带一路"倡议这一新时代扩大对外开放的重要举措和经济外交的顶层设计。

"一带一路"倡议提出后，中国银行将"一带一路"沿线区域作为海外布局的重点。为配合中国银行总行全球发展战略，更好地发挥集友银行的品牌优势，中银香港决定出售旗下子公司——集友银行有限公司的股权。与此同时，作为改革开放后"中国第一家中外合资银行"的厦门国际银行，为提升跨境优势，正逐步推进以"内地为主体、以港澳为两翼"的国际化战略，准备在香港布局。

经过多次接触和商讨，2017 年中银香港将所持有的集友银行股权转让给厦门国际投资有限公司（厦门国际银行股份有限公司设在香港的全资附属公司）和福建省厦门市私立集美学校委员会。集友银行成为厦门国际银行的一员，实现传承跨越，开启发展新篇章。借助新的平台，在新的管理思维、营销文化激发下，集友银行锐意创新，逐渐绘就跨境、跨界、跨市场一体化金融服务的发展蓝图，从一家传统商业银行蝶变为集团化、国际化、综合化的集团战略平台。同时，坚持以文化引领发展，积极弘扬"嘉庚精神"，履行社会责任，树立创新发展的企业文化，打造集友品牌新形象。

第一节　志同道合　结缘国行

2014年，在"一带一路"倡议提出后不久，以国际化见长的中国银行率先承担起打通"一带一路"金融大动脉的重任，积极与沿线国家开展金融合作，在许多国家设立了分支机构。中国银行将东盟地区部分机构和业务交给子公司中银香港，由其负责整合东盟地区机构、助力东南亚地区"一带一路"建设。中银香港为贯彻总行的海外发展策略，积极推进区域化发展，提出建设一流的全功能国际化区域性银行的目标。同时，为了配合新常态下国家经济结构转型升级，落实供给侧结构性调整，中银香港打出了一套组合拳，通过精简企业构架、出售旗下部分银行股权等措施，在优化资源配置、巩固核心品牌的同时，增强资金实力，积极拓展东南亚地区业务。2016年，中银香港准备全数出售旗下子公司——集友银行有限公司的股权。同年10月26日，中银香港2016年第七次董事会会议审议通过了拟议出售香港集友银行有限公司股权的议案。消息一出，引起广泛关注。经过多次接触和深入谈判，中银香港与买方达成了合作意向。

买方来自厦门，与集友银行颇有渊源。其中福建省厦门市私立集美学校委员会（简称"集美校委会"）原本就是集友银行的股东，负责集美学校股息管理、使用的具体事宜，因而与集友银行常有来往。厦门国际银行股份有限公司（简称"厦门国际银行"）1985年成立于厦门，是新中国第一家中外合资银行。与集友银行一样，厦门国际银行也有侨资背景，成立时的外方股东是印度尼西亚华侨李文光。两家银行都曾与习近平同志结缘。香港集友银行在厦门、福州开设分行时得到了习近平同志的关心。厦门国际银行的创办，是习近平同志在厦门工作时进行金融改革、重视引进外资的成果。"厦门国际银行是 20 世纪 80 年代经国家批准的首家中外合资银行，近平同志对这家银行确实关怀备至。他参加开业典礼并接见香港贵宾，还多次亲临指导工作。2010 年来厦门时，仍然惦念着国际银行的近况。经济特区兴办早期最急盼解决的就是引进境外资金与技术。近平同志在厦门最为重视的工作之一就是多渠道引资，以解决燃眉之急。他分管市计委工作后，特别重视金融业务与外国资金的吸纳，厦门国际银行的引进就是成果之一。"①

屹立于厦门市鹭江之滨的厦门国际银行大厦

---

① 中央党校采访实录编辑室：《习近平在厦门》，北京：中共中央党校出版社，2020 年，第 91 页。

收购集友银行，对厦门国际银行而言，是具有非常重要意义的一件事。厦门国际银行管理层高度重视，为顺利完成股权交割，认真研究内地与香港的法律制度、监管环境，厦门国际银行专门成立了项目小组，高级管理层率先垂范。时任总裁吕耀明多次奔赴香港，坐镇指挥，密集召开工作会议；时任副总裁焦云迪作为谈判代理人，不辞辛劳，通宵达旦参与谈判；时任副总裁章德春多次拜访中国银行、中银香港，同集美校委会进行多次会谈，就收购细节交换意见；副总裁郑威全程参与，对项目小组材料进行审核和指导。

2016年12月22日，中银香港、厦门国际投资有限公司和集美校委会、集友银行四方，在福州举行"集友股权买卖协议和过渡期服务协议签约仪式"。时任中银香港总裁岳毅与拟议买方厦门国际投资有限公司董事吕耀明（时任厦门国际银行总裁）、集美校委会主任黄菱就拟议出售股权（共计2114773股普通股，占集友银行股份约70.49%）签订集友银行股权买卖协议，交易对价总计76.85亿港元，其中厦门国际投资占股64.31%；集美校委会占股6.18%。同时，中银香港、集友银行、厦门国际投资有限公司签订了过渡期服务协议。

2017年3月27日，股权交割圆满完成，集友银行正式成为厦门国际银行的一员。次日，厦门国际银行、集美校委会与中银香港联合举行集友银行股权成功交割仪式。当天，新朋旧友齐聚香港，庆祝交割工作顺利完成。中央人民政府驻香港特别行政区联络办公室副主任仇鸿，香港金融管理局副总裁阮国恒，中国银行行长陈四清、副行长任德奇，中银香港副董事长兼总裁岳毅，厦门市委常委、统战部部长兼集美校委会主任张灿民，福建省投资集团董事长严正，厦门国际银行总裁吕耀明，厦门国际银行副总裁、集友银行代表郑威，福建省、厦门市政府相关部门负责人，以及

2017 年 3 月 28 日，庆祝集友银行股权成功交割仪式（左一为厦门国际银行总裁吕耀明）

福建乡贤、香港各界人士、集友银行客户、董事及员工代表、同业及媒体代表等出席活动，共同见证集友银行的发展翻开了新的一页。

集友银行股权交割之所以受到各方的关心和关注，是因为此事不但关乎集友银行未来发展以及中国银行、厦门国际银行的战略布局，而且有益于福建省深化金融改革、推进闽港合作，也有助于福建文教事业的发展，具有多重意义。时任中国银行行长陈四清认为：这是一个多方共赢的合理安排。对于中国银行而言，有利于集团资源的优化配置，符合中国银行在香港地区发展的长远战略。厦门国际银行在收购集友银行之后，将成为内地第一家在香港、澳门均设有分支机构的城市商业银行，海外战略布局开启新篇章。集友银行将在实力雄厚的新股东带领下，更好地发挥自身品牌优势和业务传统，推动业务发展和经营管理迈上新台阶。厦门国际银行与集友银行成功牵手不仅增强了福建省的金融实力，也进一步拓展了福建与港澳台和东南亚经济金融合作的深度和广度，巩固了福建作为"海上丝绸之路"桥头堡的战略地位，将为国家"一带一路"整体建设贡献力量。

正如陈四清所指出的那样，集友银行花落福建，对于厦门国际银行乃至福建金融业的发展尤为重要。收购集友银行是厦门国际银行推进其国际化战略的一个重要举措。厦门国际银行从 1985 年作为"新中国首家中外合资银行"，到 2013 年全面改制为中资商业银行，一直密切配合国家及福建省发展战略，勇立金融改革创新的潮头。随着"一带一路"以及粤港澳大湾区建设的进一步发展，福建省不断深化与澳门的合作。厦门国际银行与旗下境外附属机构澳门国际银行互相呼应，为闽、澳合作搭建金融桥梁，助力自贸试验区及"海上丝绸之路"战略支点城市建设。集友银行的加入，使厦门国际银行实现了闽港澳三地均有集团内机构联动的目标，完善了"以内地为主体，以港澳为两翼"的战略布局，为福建省金融业借力港澳独立法人分支机构提高国际化水平，深化闽、港、澳合作，迈出了关键的一步。

收购集友银行也是厦门国际银行构建其华侨金融战略布局的重要一环。厦门国际银行自诞生就带有国际色彩和华侨基因，早就成为其经营发展的特色和优势。在成立之初，厦门国际银行就确立了服务华侨华人的客户定位，此后一直围绕华侨华人和国际结算等业务不断发展壮大。集友银行也有着深厚的国际色彩和华侨背景。它在国际金融中心香港有 24 家分行，在内地的福州、厦门也设有分支行，开展国际业务及跨境服务的经验丰富；其宗旨体现了华侨领袖陈嘉庚爱国爱乡、服务社会等精神，其创办和发展离不开华侨华人的支持；并且长期以来，集友银行以服务华侨华人为使命，在东南亚华侨华人中具有较高知名度。因此，集友银行的加入，对于厦门国际银行来说如虎添翼，不但完善了国际战略布局、提升了国际竞争力，而且大大提升了其在东南亚华侨华人中的影响力。使厦门国际银行"赋能华侨华人经济圈高质量发展，在新时代重塑华侨金融旗帜，打造鲜明的华侨华人特色银行"的蓝图逐渐清晰。

集友银行加入厦门国际银行之后，依托其国际战略布局、华侨金融战略布局，能够更好地发挥自身的品牌优势和业务传统，继续"立基香港、联系华侨、服务社会"；也能够更好地践行创行宗旨，弘扬"嘉庚精神"。时任厦门国际银行副总裁、集友银行代表郑威在股权交割仪式上说："集友银行自创办以来就与福建血脉相连。本次收购集友银行是厦门国际银行推进国际化、综合化战略的重要举措。集友银行将借助此次回归福建的良好机遇，进一步发挥联系海外华侨的纽带作用，对接港澳台、东南亚华人华侨企业、社团，并持续深耕香港本地市场。"①更重要的是，厦门国际银行秉承"发展取之于民，成果惠之于民"的社会责任观，将银行经营管理与履行社会责任紧密结合，认真履行企业社会责任，用实际行动切实服务民生领域、践行嘉庚精神。这与集友银行"以行养校、以行助乡"、以经营辅助文教及社会事业等宗旨，殊途同归。双方进而在凝聚共识的基础上形成合力，携手弘扬"嘉庚精神"，壮大公益事业。时任厦门市委常委、统战部部长兼集美校委会主任张灿民认为：集友银行不忘创办人陈嘉庚先生的初心，一贯秉持"以行养校、以行助乡"的宗旨，用优厚的经营业绩回报集美学校，是陈嘉庚先生"教育为立国之本，兴学乃国民天职"伟大精神的体现。在集友银行成立70周年之际，集友银行股权成功完成交割意义重大，将有助于继续大力弘扬"嘉庚精神"。

2017年对于集友银行是别具意义的一年，不仅加入了新平台，而且迎来了在香港创业发展的第70个年头。全国政协副主席董建华、梁振英，香港特区行政长官林郑月娥等港岛名人欣然为集友银行70周年题词。其

---

① 《集友银行股权交割圆满完成 正式成为厦门国际银行一员》，央广网，2017年3月28日。

中董建华以"立足香港 裕港兴邦"8个字肯定了集友银行对香港、对国家的贡献。回望过去,集友银行董事长吕耀明用"稳重踏实、传承跨越"8个字简明扼要地概括了70年来一代代集友人勤恳经营、踏实筑梦绘就的集友银行奋斗史。集友银行加入厦门国际银行集团,又是一次"传承跨越"。这一次,"历史同根、文化同源,且志同道合的一群奋斗者紧紧团结在一起","集金融之友,融国际之强"[1],在干事创业、奋发有为的美好时代,共同开创新的事业。

第二节　赓续初心　蓄势而发

集友银行加入厦门国际银行后,双方"历史同根、文化同源"、志同道合,使合作有了良好的基础;并且借此引入不同的管理思维和营销文化,也有助于集友银行突破发展瓶颈,再上新台阶。但转换平台带来发展机遇的同时,也带来了不少困难和挑战。如何完成新旧平台转换过程中庞大的分离整合工作?如何与新平台的经营管理和企业文化融合?如何克服过渡时期日益显现出来的资本不足、人员流动性加大、系统整合困难重重、潜在风险亟待化解等内在、外在的问题?转换平台后,集友银行的发展是否能经得起市场的考验?

面对诸多困难,集友银行敢于接受挑战,勇于正视自身缺陷,以改革促发展,以创新激活力;在坚持以客户为中心、质量第一、稳健发展的同时,业务上连续取得新突破;逐渐绘就跨境、跨界、跨市场的一体化金融服务蓝图。2017年股权交割刚刚完成,集友银行的业务就有了新进展。一是成功完成首笔"债券通"和债券承销。为了提升市场地位,以创新发展

---

[1] 吕耀明:《从历史深处走来 向美好明天迈进——集友银行70周年志庆》,载《集友银行七十周年纪念特刊》,第5页。

提升联系内地和香港的战略优势，集友银行积极参与连接内地与香港债券市场的"债券通"中的"北向通"交易机制。经多番协调，于 7 月 3 日成功参与市场第一批交易，首批完成"债券通"投资业务。二是发行了首笔额外一级资本票据（AT1）。集友银行经过与香港金管局及厦门银监局反复磋商，最后获准发行额外一级资本票据（AT1）计入母行集团一级资本中，成为香港首例实现集团并表的一级资本票据发行项目，也是境内外首列两地监管机构共同认可采用双减记条款发行票据，具有创新性、标志性意义。11 月 29 日，集友银行在港成功发行首笔 2.5 亿美元的额外一级资本票据（AT1），提升了一级资本充足率，优化了资产结构，为未来发展开辟了更广阔的空间。

2018 年，集友银行附属公司"集友国际资本有限公司"及"集友资产管理有限公司"分别获得香港证监会就机构融资提供意见（6 号牌照）及资产管理（9 号牌照）的正式批复，并于当年 8 月 17 日正式开业。这两家公司的成立，标志着集友银行正式开启资产管理及投行业务，开启构建综合金融平台新格局，朝经营多元化、收入多样化、渠道综合化、集团国际化方向迈出关键的一步。同年 12 月 30 日，集友银行深圳分行正式开业。继厦门、福州分行之后，时隔 25 年，集友银行在内地再次设立分行级机构网点，也是加入厦门国际银行后首次设立境内分行，为集团在北、上、广、深四大战略要地实现分行级机构网点的全覆盖，补上了最后一块拼图。

2018 年 8 月 17 日，集友银行附属公司"集友国际资本有限公司"及"集友资产管理有限公司"正式开业（居中者为集友银行行政总裁郑威）

2018 年 12 月 30 日，集友银行深圳分行开业（前排左五为时任厦门国际银行总裁章德春）

2019 年，集友银行持续深化境内外联动机制，发挥差异化优势，跨境业务获得新突破；成功拓展国企单位及其在港"窗口"企业的外债贷款、外存外贷、内存外贷、国内股权质押境外贷款等业务，且平均利率低于内地市场融资成本，为企业拓宽融资渠道，为企业"走出去"创造融资便利，逐步建立起"跨境服务专家"的口碑。此外，集友银行在东南亚的布局进一步深入，利用新牌照资源加速构建"投行＋商行"布局，大金融市场建设破冰起步，搭建投、融资业务的顶层设计和管理模式；重点推进集友银行股权投资管理（QFLP）公司的工商注册登记事宜，开启了集友银行涉足股权投资、投贷联动等新兴领域之门。同时，抓住粤港澳大湾区政策机遇和未来金融科技浪潮，加速申请在深圳成立子公司——集友科技创新有限公司。

2020 年，集友银行借助大金融市场的发展，逐步锻造在开放环境下的综合经营能力，利润多元增长格局进一步生成，跨境、跨界、跨市场的一体化金融服务蓝图渐现。附属公司"集友国际资本有限公司"启动自营投资、基金投资顾问、资产证券化等业务的前期筹备工作；"集友资产管理有限公司"旗下的两只基金实现正回报，投资团队与 8 间债券经纪建立合作关系，亦同步推进与银行联动及其他财富管理公司合作。2021 年，克服无产品、无人员、无流程、无客户等重重困难，总行个人金融业务部和深圳分行成功于 4 月在深圳组建内地首支零售业务团队，年内实现首笔个人信用贷、首笔跨境抵押贷和首笔境内个人定期存款等业务落地，向跨境零售业务蓝图迈出坚实步伐。

在业务创新发展的同时，集友银行的经营管理者们意识到企业文化创新发展的重要性，坚持以文化引领发展；通过企业文化建设，增强集友银行内部凝聚力、促进集团内部不同企业文化的融合、树立品牌形象、提升社会效益，为业务发展提供有力的支撑。2017 年，集友银行提出传承、创新、发展的思路，在传承基础上加快融合集团文化，树立创新发展的企业文化。2018 年，成立企业文化建设小组，重塑本行企业文化要素及完成企业文化纲要，大力宣扬"恪守诚信、以人为本、创新发展、服务社会"的核心价值。同时，逐渐形成弘扬"嘉庚精神"，履行社会责任，打造集友品牌新形象的路径；依托集友陈嘉庚教育基金、闽都中小银行教育发展基金（现为闽都陈嘉庚公益基金会），开展捐资助学活动；2019 年，以集友银行旗下集友陈嘉庚教育基金牵头，联合新加坡陈嘉庚基金、马来西亚陈嘉庚基金、厦门市陈嘉庚教育基金会、闽都中小银行教育发展基金、马来西亚中华大会堂总会、吉隆坡暨雪兰莪中华大会堂、菲律宾厦门联谊会等全球各地嘉庚系非营利性组织，成功发起设立"陈嘉庚基金联谊会"；构建全球各地嘉庚系基金会和社团组织沟通联络、优势互补、资源共享的平台，以实现壮大公益事业、弘扬嘉庚精神、凝聚全球华侨为"一带一路"建设贡献力量的三大目标。

2019 年 10 月 22 日，陈嘉庚基金联谊会在香港成立（二排左三为时任集友银行董事长吕耀明，一排右三为时任厦门国际银行总裁章德春）

　　加入厦门国际银行以来，面对市场的考验，集友银行在母公司的大力支持下，以创新带动发展，用优良的业绩交出了一份漂亮的答卷。2013—2016年，集友银行整体发展速度远远落后于市场表现，盈利也呈现负增长。2017年股权交割之后，集友银行在新管理思维、新营销文化的引领下，重拾增长动力，资产规模及利润大幅提速增长。2017年年底，集友银行总资产达841亿港元；2018年，净利润为10.02亿港元，总资产达1029亿港元，实现"资产破千亿港元、利润破十亿港元"的目标；2019年，税后盈利为12.70亿港元，资产规模达1499亿港元；2020年，资产规模为1635亿港元；2021年实现税后利润为11.22亿港元，资产规模达1773亿港元，多项指标优于大部分香港银行同业。

　　2021年是"十四五"开局之年，厦门国际银行实施华侨金融战略恰逢其时。8月，董事长王晓健在《中国金融》发表署名文章，指出："随着'一带一路'深入实施，金融'出海'渠道建设日益完善，商业银行海外业务也开始向东盟等'一带一路'沿线国家倾斜，加之东南亚华侨华人数量众多且爱国情结深厚，为商业银行开展华侨金融等特色海外业务提供了优越的环境。"[1]2022年9月6日，厦门国际银行正式成立华侨金融部，同时确定了华侨金融总体发展策略。集友银行作为这一战略布局的重要支点和旗舰蓄势待发，承担起新的使命和责任，驶向更加广阔的海洋。

---

[1] 王晓健：《双循环新格局下的银行探索》，载《中国金融》2022年第15期。

第三篇

经营贵有道

1959年，集友银行北角支行开业，香港集友银行首任董事长陈六使（右三）与来宾合影

香港德辅道中 78 号香港集友银行总行大厦（1962 年开始筹建，1967 年 1 月启用）

历史长河，奔流不息。80 年来，集友银行，一家由爱国华侨出资起家的小银行，始终审慎经营，锐意开拓，向下扎根，向上生长，枝繁叶茂，发展成为今天总资产超 1800 亿港元，全行客户数突破 20 万的精品银行。集友人始终不忘陈嘉庚"以行养校、以行助乡"的创行宗旨，面对困难不退缩，面对机会勇向前，书写下集友银行独具特色的经营篇章。

第一章　华侨基因　一脉相承

"华侨金融"对于其他同业银行而言，很可能是一个全新的词语组合。但在集友银行，这四个字是创行基因的一部分。

一方面，集友银行草创之时，走出贫弱旧中国的南洋华侨，海外经营数十载，逐渐打开局面，积累财富；另一方面，他们的家人和祖国正饱受战火摧残，国难深重，民生困苦。诞生在特殊年代，畅通侨汇渠道，服务侨乡侨民，使集友银行底色鲜明；也使之后80载岁月的每个历史转折处，都能步履坚定，行稳致远。

创行80年以来，集友银行的"华侨银行"的定位越发清晰明确，"华侨金融"的业务拓展范围越发广阔。时至今日，华侨华人客户数占个人客户总数近30%，华侨华人资本占比近1/3，华侨金融业务量超300亿港元。"华侨金融"基因历久弥新，在新时代，集友银行将继续把"华侨金融"的基因发扬光大，打造"华侨金融"标杆银行。

第一节　侨汇回国　畅通其道

批一封，银几许，跨越山海，辗转归乡。

侨批是时代的特殊产物，是海外华侨寄至国内家乡的汇款和家书。侨批代表的不仅是侨眷赖以为生的汇款，更是亲人的殷殷思念。海外侨胞长年生活在异国他乡，特别是在没有先进通信手段的情况下，侨批成为他们与家乡亲人经济与感情联系的重要纽带。

陈嘉庚等老一辈南洋华侨，亲身经历过海外打拼的每一份辛苦，深刻理解这个人群独特的金融需求。于是，集友银行在创办之初，便很自然地把侨汇业务作为主业。

只有回到历史的现场，重温华侨面临的国际局势和拳拳报国之心，才能理解这条侨汇之路的意义。

时钟拨回到 1938 年秋，中国沿海各港口和交通要道相继被日寇侵占，云南滇缅公路成了抢运战略物资唯一的国际通道，被誉为"抗战生命线"。1939 年，陈嘉庚领导一批又一批南侨机工，回国支援抗战，保障了"抗战生命线"的畅通。

与南侨机工一样打拼在南洋的华侨，在战后面临另一重阻隔，翻开集友银行的创行计划书，不难一窥当时的情形：

旅外侨胞每年汇寄回国资金为数在万万元以上，国家银行于南洋各属，除大城市之外，尚未能普遍设立，侨胞内汇款项时须假手外人辗转梗阻，受损匪浅。集友银行拟在战后于南洋各属请准当地政府普遍设立分支行处，俾侨资内汇予以手续上之便利。[①]

回国支持抗战的 5 年后，陈嘉庚倡办的集友银行，打通了侨汇回国的信道，用另一种方式为国家、为华侨贡献力量，殊途同归。

创行计划书体现出集友银行"便利侨胞汇兑"的初心，回望历史，集

---

① 丁志隆：《集友银行档案选编》，福州：海风出版社，2008 年，第 47、48 页。

友在计划书中怎么写的，在现实中就是怎么做的。

创立后不久集友银行即开始扩大发展。第一家分支机构，应该选址在哪里？

答案是东兴和柳州，这个选择既在意料之外，又在情理之中。

意料之外是因为，东兴在当年隶属广东省，柳州则隶属广西，在福建创立的银行为何要跑到广东和广西去开设分支机构？而且两个城市并非广州、上海这样的一线城市。

而且设立时间之早，同样出乎意料——1943 年 10 月，集友银行在福建永安成立，同年 11 月，集友银行东兴办事处和柳州办事处就已经成立了。到了 1943 年 12 月底，已将设立广西柳州办事处业务计划书、广东东兴金融经济调查报告书交给财政部。

效率之高，目标之明确，如果细究背后的考虑，不难发现一切又都在情理之中。

翻开呈交给当时财政部的历史档案，可以一探究竟。

集友银行呈交给财政部的《拟设东兴办事处业务计划书》亦提及："东兴为防城县要镇，与越南之芒街隔江相对，太平洋战事发生后，沿海交通断绝，侨胞汇款回国云集此地，故称为沟通越南侨汇之桥梁，本行旨在沟通侨汇，扶助侨眷生产事业，拟划拨营运基金国币贰拾伍万元于该镇设立办事处，定名为'集友银行东兴办事处'。"[1]

在太平洋战争时期，东兴和柳州都是侨汇回国的重要入口。光是东兴，当时就有广东省银行、重庆的中国银行、交通银行、中国农业银行和民营的华侨联合银行、光裕银行等金融机构在东兴设有办事处。

---

① 丁志隆：《集友银行档案选编》，福州：海风出版社，2008 年，第 202 页。

当时的东兴，甚至有战时"小香港"①之称。因此这两地是可以拓展侨汇业务，发挥华侨金融作用的好地方。

在草创时期，无论在永安、厦门，还是到了香港，侨汇都是集友银行各项业务的重中之重，也是集友银行有别于其他银行的特色业务。

一如陈嘉庚当年募集南侨机工打通回国的物资之路，集友银行在创行之初就一心要办好侨汇，打通南洋华侨回国的金融信道，虽然方式不同，但背后是同样一份情怀的体现和延续。

路，意味着联通、交流，在抵御外侮的战争年代，意味着一个民族的存亡；在远隔千里的南洋，路，意味着乡情和希望，疏通侨资侨汇回国的通道，无论对于华侨的小家，还是对于中国这个大家，都是如滇缅公路一样的"生命线"。

第二节　侨汇业务　积极拓展

1947 年之后，战争导致经济凋敝，使集友银行的业务一度受阻。

1949 年 10 月 1 日，中华人民共和国成立，集友银行迎来新发展。

新中国成立仅月余，集友银行厦门总行复业。一年之后，1950 年 9 月 29 日，集友银行获准增设上海分行。11 月 20 日，集友银行上海分行开业。

厦门、上海两行成为集友银行"双子星"，积极为侨汇奔走，业务规模迅速扩大，为新中国成立初期的建设贡献力量。

---

① 王炜中：《侨批缘》，桂林：广西师范大学出版社，2017 年，第 328、329 页。

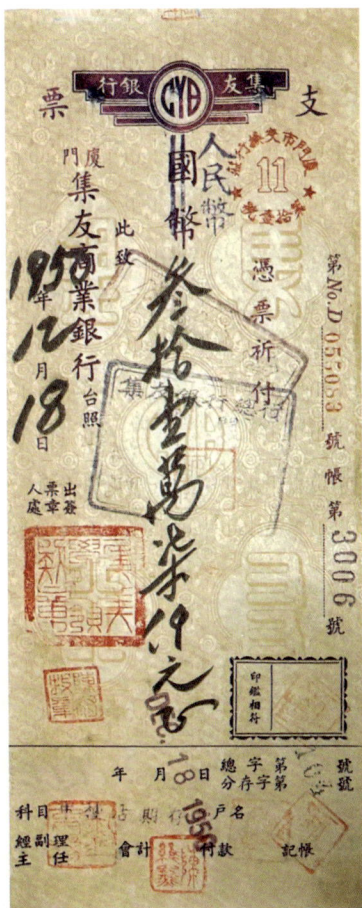

陈村牧钤印的集友银行厦门总行支票（原件由陈为民珍藏）

尤其是集友银行上海分行，开业盛况的种种细节被集友人细心记下——开业当天就收到了近300个花篮，开设350余个往来账户，共收存款50亿元，虽然还是新中国成立初期使用的旧版人民币，但也是一笔不可小觑的数目。

上海是中国最重要的商港之一，因此陈嘉庚非常看重集友银行上海分行的发展。

邱方坤当年一手参与上海分行筹建，后出任上海分行经理。他说，"陈老（陈嘉庚）盼望集友银行经营顺利，为他筹集办学经费助一臂之力。

他对上海分行寄予更大的希望，认为上海是我国最大的商港，又是对外贸易的基地，外汇业务大有可为，可望有较好的获利。"①

"大有可为"的业务，应该从哪里开始？还是侨汇，而且在新中国成立初期，侨汇又要加上一层历史使命。

邱方坤回忆，1950年8月，他和陈嘉庚会面，当时集友银行上海分行还在筹建期。

这次会面的气氛跟往常有所不同，陈嘉庚郑重其事地说："周恩来总理说，今后我们国家要进行社会主义建设，需要外汇资金。他希望我号召华侨多寄侨汇，帮助祖国社会主义建设，这就是最好的贡献。我一定按照总理的指示去做，号召华侨多寄侨汇是我应该做的，也是我能够尽力做到的。"②

陈嘉庚还说："但要号召别人多寄侨汇，先要从自己做起，我正好打算修复集美学校的校舍和扩建厦门大学的规模，需要很多资金，这主要靠向海外亲友筹集。争取侨汇既有利于学校建设，又有利于社会主义建设，一举两得。"③

这一席话也奠定了集友银行上海分行的基调——办好侨汇，支持建设。

---

① 邱方坤：《陈嘉庚解放后筹划办学经费纪实》，载《回忆陈嘉庚——纪念陈嘉庚先生诞辰一百一十周年》，全国政协文史资料研究委员会、中华全国归国华侨联合会、福建省政协合编，北京：文史资料出版社，1984年，第262页。
② 邱方坤：《陈嘉庚解放后筹划办学经费纪实》，载《回忆陈嘉庚——纪念陈嘉庚先生诞辰一百一十周年》，全国政协文史资料研究委员会、中华全国归国华侨联合会、福建省政协合编，北京：文史资料出版社，1984年，第258页。
③ 邱方坤：《陈嘉庚解放后筹划办学经费纪实》，载《回忆陈嘉庚——纪念陈嘉庚先生诞辰一百一十周年》，全国政协文史资料研究委员会、中华全国归国华侨联合会、福建省政协合编，北京：文史资料出版社，1984年，第258、259页。

集友银行上海分行成立后，陈嘉庚首先落实周总理关于号召华侨多寄侨汇，帮助祖国社会主义建设的指示。陈嘉庚不遗余力地向海外亲友筹集资金，争取侨汇，还亲自写信和海外亲友联系，做好宣传说服工作，备极辛劳。据估计，他前后争取的侨汇在3000万港元以上，这些钱通过集友银行回到国内。

据邱方坤回忆，集友银行上海分行也在陈嘉庚的支持和香港集友银行的密切配合下，大力开展侨汇业务，收益增加。"1953年年终决算，颇多盈余，乃从盈余中为集美学校提供了一部分经费，聊以告慰陈嘉庚先生的关怀。"[1]

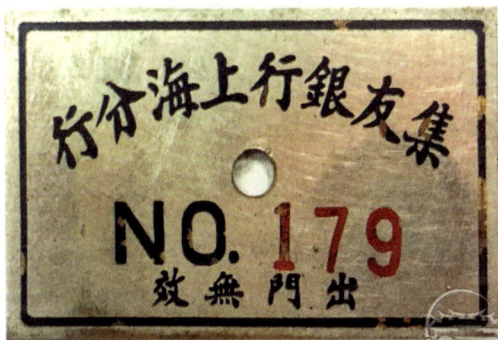

集友银行上海分行排队铜筹

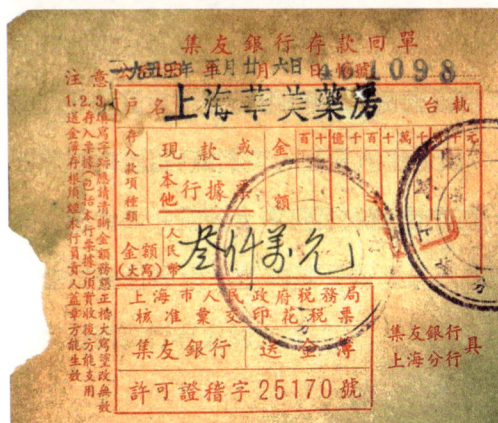

1953年，上海华美药房在集友银行的存款回单（原件由陈为民珍藏）

[1] 邱方坤：《陈嘉庚解放后筹划办学经费纪实》，载《回忆陈嘉庚——纪念陈嘉庚先生诞辰一百一十周年》，全国政协文史资料研究委员会、中华全国归国华侨联合会、福建省政协合编，北京：文史资料出版社，1984年，第263页。

不止陈嘉庚，他身边的协助者也为集友银行初期的侨汇业务贡献颇多。林承志 1948 年加入集友银行任协理，协助经理陈厥祥的工作，后来陈厥祥去往香港开设香港集友银行，林承志则留在厦门负责集友银行在内地的管理工作。据林承志女儿、女婿在《同舟共济 振兴中华——记林承志先生的生平》一文中回忆："他利用自己的金融知识和海外关系，团结广大华侨，多方争取侨汇，其卓有成效的工作，深受金融界和政府有关部门的好评。"

通过历史档案，也不难看到集友银行那些年积极拓展的步伐：

在集友银行 1943 年业务报告中，提到"沟通侨汇繁荣地方经济"，在开业仅 3 个月的短短时间内，就已解付省内外 13 个地区的侨汇款 553 笔 1800 余万元，尚有近 500 万元在途解付款。[①]

在 1959 年度业务总结报告中，这一数字大幅增长：今年侨汇在银行党委直接领导和全行同志的共同努力下，迅速扭转下降趋势，做到稳定、巩固并逐步有提高。当年累计汇入 3400 余万港元。[②]

由此可见，在集友银行开业初期的数十年间，集友银行一直在兢兢业业扩展侨汇业务。

然而，此时侨汇不仅有着早年间照顾侨眷等方面的意义，还凝聚着广大华侨对新中国的美好愿望和切实支援。在百废待兴的新中国成立初期，侨汇承担着支持国内大量建设，为集美学校筹集教育经费等功用，不一而足。

---

① 丁志隆：《集友银行档案选编》，福州：海风出版社，2008 年，第 307～309 页。
② 丁志隆：《集友银行档案选编》，福州：海风出版社，2008 年，第 427、428 页。

第三节　政府关爱　支持维护

集友银行蒸蒸日上，陈嘉庚最担心的，还是未来这家银行能否长久地履行它的使命——以行养校、以行助乡。这在他与时任上海分行经理邱方坤的书信中可见一斑："本校经费大半依靠港沪二行入息，兹如沪行失望，私立名义安能持久？"①

陈嘉庚为集美学校着想，一旦校费发生困难，最后只得送交政府接办，改为公立，但不到万不得已时，他不愿拖累国家增加教育费负担。他希望在有生之年，能尽力维持集美学校的私立名义，也正如他所说的："与共存亡，不负初衷而已耳。"②

1954 年后，私营工商业进一步接受改造，集友银行业务活动受到了一定的限制，影响所及，上海分行的存款偏多，放款偏少，外汇业务下降，陈嘉庚便希望政府可以接办集友银行。1954 年 12 月，陈嘉庚致函周恩来总理，请人民政府接办集友银行。1955 年 2 月又奉电催复。不久，接到周总理复电，问题得到圆满解决。

陈嘉庚非常高兴，亲笔抄录总理复电全文，于 1955 年 3 月写信告诉邱方坤。周总理给陈嘉庚的指示如下：

厦门、上海集友银行事，仍继续经营，业务上由国家银行帮助，多分配一部分侨汇与放贷任务，保证集友银行有利可图，不使亏损。多余人员

---

① 邱方坤：《陈嘉庚解放后筹划办学经费纪实》，载《回忆陈嘉庚——纪念陈嘉庚先生诞辰一百一十周年》，全国政协文史资料研究委员会、中华全国归国华侨联合会、福建省政协合编，北京：文史资料出版社，1984 年，第 263 页。

② 邱方坤：《陈嘉庚解放后筹划办学经费纪实》，载《回忆陈嘉庚——纪念陈嘉庚先生诞辰一百一十周年》，全国政协文史资料研究委员会、中华全国归国华侨联合会、福建省政协合编，北京：文史资料出版社，1984 年，第 263 页。

可安置在国家银行。[①]

自此以后，厦门、上海集友银行在国家银行的领导和进一步照顾下，业务蒸蒸日上，逐月得利，年有盈余，有力地支持了集美学校的发展。

1961 年陈嘉庚去世，到了 1972 年，受国内环境影响，厦、沪两行发展再度陷入困境，无奈之下厦门总行和上海分行结束办理业务，分别由中国人民银行厦门分行、上海分行接管。

虽然在特殊历史时期，集友银行在厦门和上海的业务停止了，但"集友"这个招牌并没有就此消失——

这要从 1983 年的金融体制改革说起，当年 9 月 17 日，国务院正式下发了《关于中国人民银行专门行使中央银行职能的决定》，提出"中国人民银行专门行使中央银行职能，不再兼办工商信贷和储蓄业务，以加强信贷资金的集中管理和综合平衡，更好地为宏观经济决策服务"，同时决定"成立中国工商银行，承担原来由人民银行办理的工商信贷和储蓄业务"。这样一来，被中国人民银行并入的集友银行厦门总行，成了中国工商银行的一部分，还在原先厦门海后路 27 号的"集友银行总行"旧址对外营业，改名为中国工商银行厦门集友储蓄所，"集友"二字得以保留。

究其原因，一方面是集友银行这块由陈嘉庚倡立的金字招牌，要继续传承和发扬；另一方面则得益于集友银行在街坊邻里之中的名气和口碑，几十年来，集友银行都扎根于此，"集友"两个字时常出现在居民的口中，渐渐成了这里的代名词，就像街道名字一样，完全融入了日常生活。

厦门海后路 27 号这栋大楼几经变迁，名字由中国工商银行厦门集友

---

① 邱方坤：《陈嘉庚解放后筹划办学经费纪实》，载《回忆陈嘉庚——纪念陈嘉庚先生诞辰一百一十周年》，全国政协文史资料研究委员会、中华全国归国华侨联合会、福建省政协合编，北京：文史资料出版社，1984 年，第 264 页。

储蓄所先后改为中国工商银行厦门集友分理处、中国工商银行厦门集友支行。直到 2016 年，变更为中国工商银行股份有限公司厦门嘉禾支行，"集友"二字作为满怀一代人记忆的"地名"似乎就此落幕。

但其实"集友"，从未在厦门的土地上消失。1947 年在香港设立的香港集友银行在改革开放初期的 1984 年 5 月又重回嘉庚故里——厦门，选址厦门华侨新村"华新路 35 号"设立代表办事处，并于 1986 年 1 月迁址中山路 444 号新侨酒店升格为厦门分行，一直展业至今，并不断扩大经营规模及分支网点。

两条集友银行的发展脉络在陈嘉庚的故乡厦门交接传递。

第四节　华侨金融　发扬光大

时光飞逝 80 载，走进集友银行在香港中环的大楼，所感受到的窗明几净以及现代化的办公设施，跟创建之初的小小门市已不可同日而语。

然而有些东西却从未改变。80 年前，在集友银行最早的福建永安的门市，进进出出的很多客户，有着同一个身份——华侨。

2022 年 12 月 16 日，也是一位华侨客户走进集友银行大厦，签下了一项贷款项目，上额（给予授信额度）高达 3.9 亿港元，放款也达到 1.1 亿港元。

这个华侨老客户自 1998 年以来一直以集友银行作为主要往来银行，充分认可集友银行的"华侨金融"品牌。为了不辜负这份期待，集友银行企银条线，下定决心服务好这位华侨金融老客户。他们克服困难，为了这个项目，跟进了三年——三年中历经了三次提审，自 2022 年 10 月重新启动该项目提审以来，与客户积极沟通项目方案，与跨部门同事逐个击破项目难点，与部内同事设定目标，其利断金，两周内完成公证转递、办理抵押、完成放款等手续，凭借专业与效率赢得客户信任，取得两地律所好评，积累跨部门快速协作经验，为未来全面铺开华侨客户的合作奠定良好基础。

事后这位老华侨感慨，祖国在发展，时代在进步，集友银行服务华侨的初心始终没变，不愧是"华侨领袖"陈嘉庚先生创立的银行。

在集友银行，这样长期服务的华侨客户不在少数。厦门姚明织带饰品有限公司专业生产高质量涤纶丝带，出口至全球 100 多个国家和地区。企业负责人姚明是厦门侨商会名誉会长，2018 年获得《全球华人风云录》全球十大杰出华人风云人物。该公司从 2004 年创办伊始就在集友银行厦门分行开户结算往来，是集友银行的忠实客户，与集友银行已经有将近 20 年的业务往来。该公司每次扩大规模，抑或注册新公司，均选择与集友银行合作，始终与集友银行不离不弃。该公司还积极响应国家"一带一路"倡议，2014 年，姚明织带在印度东部城市维沙卡帕特南建立工厂，开展出境加工业务，解决了数百名当地人的就业问题，成为福建侨企"走出去"的典范。集友银行的服务亦紧随客户，积极配合该集团印度公司的国际贸易结算，并根据该公司出口经营模式，积极配套授信支持其出口融资。

通过这些例子，我们不难追溯 80 年前创行者们的想法。他们从第一天起就清晰地表明，这将是一家什么样的银行。1943 年在福建永安创立时，提交给财政部关于设立福州办事处的呈文中，即明确提出福州办事处五大业务定位和方向：鼓励侨资内移、扶植侨办生产事业、举办教育贷款、办理侨眷储蓄、倡办票据贴现。[①] 五个方向，大多与华侨息息相关，定位不可谓不明晰。

---

① 丁志隆：《集友银行档案选编》，福州：海风出版社，2008 年，第 218 ~ 220 页。

比如在收解侨汇方面，在当时时局动荡的情形下，此举社会意义非凡——集友银行开办后，先在福建永安，继而陆续在广东东兴、广西柳州、福建泉州等侨区广泛设立办事处，又计划在南洋各属请准当地政府普遍设立分支行处，为侨资内汇给予手续便利。

侨资内汇，转而投资各项生产事业，成为有益社会的生产资金，稳定了金融市场和社会秩序，对促进经济社会发展也产生了积极影响。

在动荡之时，开办企业举步维艰，但生产事业对国计民生和抗战大业意义重大。集友银行建立后，利用从华侨那里吸收的存款，积极协助生产事业发展。凡是对民生有裨益的产业，或产物抵押，或投资共营，提供一切便利帮助企业维持生产经营，对有名望的厂商还提供透资往来优惠，使其可以灵活运用资金参与竞争，充分活用资源，帮助一批企业活下来，做大做强。

吸纳华侨资金，帮助华侨企业发展，集友银行作为一家"华侨银行"的名声逐渐流传开来。

集友银行在"服务华侨"的基础上，进一步延展自身的角色——恰如香港将自己定位为国家发展的"超级联系人"，集友银行也借由侨资银行的基础和人脉，扮演起南洋华侨与祖国之间的"超级联系人"，联系侨商，鼓励侨资内移，便利侨胞汇兑，建立侨资与祖国建设联系。

联系华侨，首先，集友银行有人脉之利。集友银行发起人和主要经营人员皆为厦门大学或集美学校校友，两校散布南洋各地的校友不仅多擅长专业技术，且具有乡亲之谊，与当地侨胞关系特别密切，联系便利。

其次，集友银行有了解国内情况之利。尤其是改革开放后，针对国内各项生产建设事业开展翔实调查，方便侨胞咨询、选择，并随时给予投资协助，竭力为侨胞筹划指导，提供各种便利，一定程度上促成了侨资有计划地踊跃内移，鼓励侨胞携资归国创业。

在抗战年代和新中国成立之初，中华大地无处不是饱经战争创伤，百废待兴的河山、中华民族复兴的事业，都牵动着南洋华侨们的心。如何才能帮助祖国建设，让家乡人过上好日子？

教育强国！海外侨胞，出洋多年，看到知识的力量，特别热心教育。华侨们在国内创设众多中小学校，集友银行的倡办人陈嘉庚更是其中的佼佼者。然而捐建的学校经常面临一种困境——所需办学经费多由当事人随时在南洋筹集，一旦遭遇人事变迁，学校立即蒙受影响，甚至停学关校。

针对这一情况，"服务华侨"的理念由此深化，本着为华侨们捐资助学，提供完善、先进的金融服务——集友银行开办后，开设教育基金存户，付给优厚利息，热心教育的侨胞大量捐助内汇，委托集友银行代为长期打理教育基金，细水长流捐资助学。

时至今日，集友银行在传统业务之外，积极抓住新时代的新机遇，将自身的"华侨基因"与国家"一带一路"倡议相融合，特别注重加强与沿线国家和地区侨团侨社的联系，开展多方位服务，助力"一带一路"沿线国家发展。

为此，集友银行高级管理层多次出访东南亚地区，拜访菲律宾、印度尼西亚、马来西亚、缅甸、柬埔寨等地主要华人商会、福建同乡会及宗亲团体等，通过在当地举办大型的财富管理讲座、融资研讨会及座谈会，与华社侨领及当地工商业代表交流，争取华侨客户理财业务，挖掘企业融资商机，加强宣传集友银行的华侨业务形象，在国家"一带一路"倡议的大格局下，发挥自己独特的一份力量。

不仅在东南亚越走越远、越走越细，集友银行在内地的存在感近年来也急速提升。依托母行厦门国际银行的雄厚实力，集友银行服务华侨内地投资经营的能力，也空前加强。

2021 年以来，深圳分行上下一致、勠力同心推动华侨金融授信发生额达 28 亿元人民币，持续强化为华侨华人提供金融服务的能力，助力集友银行华侨金融事业蓬勃发展。

2022 年 8 月 31 日，随着深圳本地一个优质华侨金融项目 2 亿港元的铿锵落地，深圳分行华侨金融授信余额一举突破 50 亿元人民币。

2022 年 9 月，集友银行将创建 80 年来的服务华侨的理念、经验和热情汇集在一起，成立了跨境业务与华侨金融部，负责华侨华人客户的广泛联系。这个崭新的跨境业务与华侨金融部秉持"专注服务华侨华人、广泛团结侨胞侨眷"的初心和使命，紧密围绕"客群、渠道、机制、服务、品牌"五个方面，努力构筑"聚侨胞、拓侨道、建侨制、优侨服、树侨牌"五大体系。不仅如此，集友银行成立这个部门，还希望它能在实践中不断地探索总结，并逐步提炼出具有集友银行特色的华侨金融服务标准，并向社会公开发布，积极承担服务华侨华人的社会责任，打造华侨金融优选银行。

跨境业务与华侨金融部也将依托多年以来在东南亚地区积累的良好口碑，持续弘扬"嘉庚精神"，继续走出中国香港本土，联络在新加坡、印度尼西亚等地的涉侨客户及企业，为国外侨民及侨企提供更优质的金融服务。

集友银行厚植"华侨基因"，多年来秉持"以侨引侨，以侨带侨"的理念为海内外侨胞提供优质金融服务，旨在发展华侨金融、赋能华侨华人经济圈高质量发展。在新时代，集友银行的独特基因，将有更大的舞台、更重要的责任，集友银行决心推进华侨金融迈向高质量发展的新台阶，助力侨务工作，形成共同致力民族复兴的强大力量。

第五节　再闯南洋　逐浪启航

无论是 80 年前，还是 80 年后，华侨华人都是祖国发展的重要力量，危亡之际，他们倾尽全力，救亡图存；面对发展之机，他们勇于冒险，做第一批吃螃蟹的人，助力改革开放新时代。

如果华侨领袖陈嘉庚能够见到今日的局面，一定会感慨万千——老一辈华侨筚路蓝缕，离开贫弱的家乡，下南洋常常只是为了过得好一点，难言打造什么基业。今日，中国崛起，成了世界第二大经济体。现在的中国人、中国企业、中国资金，带着共建人类命运共同体的伟大使命，再下南洋，搭乘着"一带一路"的巨轮，联通世界，创富世界。

虽然陈嘉庚未能一睹盛景，但他创建的集友银行，已历 80 载风雨，真真切切地经历过这场史诗般的历史变迁。

早期，集友银行服务漂泊异乡的华侨，帮助他们把一封封带着嘱托和血汗钱的侨批，送到家中；现在，集友银行又陪着一个个企业"走出去"，响应国家"一带一路"倡议，为他们外出闯荡"保驾护航"。

漳州市华威电源科技有限公司就是集友银行厦门分行一直在"保驾护航"的企业客户之一。该公司在泰国设厂之际，因境外需要大量外汇资金，集友银行迅速启动内地与香港联动机制，先由集友银行厦门分行开出备用信用证，再由集友银行总行在香港放款用于支持其泰国公司基建及原料采购，泰国公司获得充足的资金后，顺利建成较大规模的生产基地，有效地带动了该公司的产业升级。目前，该公司在泰国已拥有较大规模的工业园区，是福建省"一带一路"的海外标杆企业，也是泰国当地规模较大的中资企业，颇受泰国政府重视。

2020 年 1 月，泰国当地政府多名官员组团来福建考察该公司漳州总部，集友银行厦门分行联手财税机构卓瑞企业和该公司一道举办了"走进泰国——'一带一路'跨境投融资经验研讨会"，和泰国政府及泰国广州、厦门领事馆一起，为国内 60 多家有意向前往东南亚投资的企业提供经验分享，现场解答了中资企业"走出去"的财税安排、跨境融资等诸多专业问题，有效地响应国家"一带一路"倡议。

2020 年 1 月，集友银行举办"走进泰国——'一带一路'跨境投融资经验研讨会"

　　为了更好地服务此类已经"走出去"或者即将"走出去"的企业客户，也为了更好地联系和深耕东南亚华侨客户群体，当集友银行要制定国际化战略时，自然会朝南看去，把目光投向当年华侨拼搏过的地方。集友银行一直以来闯荡南洋的热切希望，随着自身实力的提升，正在渐渐由"渴望"变成"可能"。

1988 年，集友银行在走出香港，努力回到内地的同时，也打算向南发展。集友银行在那一年的工作概况报告中写道："我行与东南亚华侨有深远历史渊源，近年来我行也不断加强与海外华侨的联系，获不少闽籍华侨之赞赏，为进一步提供对海外华侨的服务，扩大我行的影响面，拟首先研究在菲律宾设置办事处或分行的可能性。"在 1995 年业务工作报告中，集友银行再次提到积极洽商在菲律宾开设分行或收购当地银行的可能性。

1997 年，借香港回归及亚洲金融危机各方关注，集友银行首次在菲律宾举办九七香港经济研讨会，活动形式高雅，颇受当地华裔商界欢迎。研讨会圆满成功，既宣传了香港又提高了集友银行在东南亚的知名度，扩大了与华侨的联系面。

到了 21 世纪，集友银行也顺应银行业整体发展，提升自己的同时，更加频密地联系东南亚华侨。2000 年，集友银行抓住网上银行服务条件日趋完备的趋势，立刻运用此项能够突破时空限制的服务媒介，积极开拓东南亚华侨的理财服务，通过派员到菲律宾举办"e-banking 财富增值研讨会"，展示网上银行增值理财服务，不但提升了集友银行的先进专业形象，亦加强了与新一代华侨的业务联系。2003 年，将集友银行原有的华侨服务部转变为"海外客户理财中心"，积极主动出访，加强与东南华侨客户的联系。2005 年，组织了一次较大规模出访菲律宾的活动，并计划于 2006 年出访印度尼西亚，客户经理则定期拜访重点客户，加强产品营销。2015 年，管理层出访菲律宾、马来西亚、印度尼西亚等东南亚国家，深化与当地商会侨领及宗亲团体的往来关系。

1994 年，时任集友银行总经理吴文拱（右一）等访问印度尼西亚

2000 年，集友银行在菲律宾举办"e-banking 财富增值研讨会"

2015 年，集友银行"菲律宾华侨跨境商贸服务交流团"合影

2019 年，集友银行行政总裁郑威（左一）拜访马来西亚陈嘉庚基金会

集友银行虽然在不断地联络关系，熟悉情况，但在重重障碍下，其在东南亚开设分行的愿望一直未能实现。直至成为厦门国际银行一员之后，集友银行五年间大幅发展，眼界和实力都快速提升，开拓东南亚市场再次被提上议程。

2021 年 9 月底，集友银行正式展开东南亚区域机构筹备工作，一方面就马来西亚、印度尼西亚、新加坡设立机构的市场准入、政治环境、客户群等进行广泛调研；另一方面与马来西亚及新加坡当地华侨取得联系，深入研究在该国设立机构的政策和可行性。

未来，集友银行将"取长补短"，抓住国内经济发展的机遇，立足香港，辐射内地和东南亚，发扬集友银行服务华侨的优良传统，推动集友银行在新时期焕发蓬勃的生命力。

在传承的基础上，创新、发挥粤港澳大湾区"三个关税区、三种货币、三种法律制度"和香港国际金融中心的独特优势，下大力气服务国家战略，聚焦"一带一路"，打造华侨金融优势，跟随陈嘉庚带领华侨华人服务祖（籍）国建设的光辉路径，重走嘉庚路，完成内地主要中心城市和"海上丝绸之路"沿线尤其是东南亚主要国家的战略布局，成为"海上丝绸之路"的精品银行。

第二章　扎根香港　贴近市民

抗日战争结束后，中国内战烽火再起，局势动荡。

在此背景下，1947 年 4 月 24 日，集友银行获批准在香港注册成立。1947 年 7 月 15 日，集友银行在香港开业，成为香港第 39 家持有牌照的银行。

动荡年代对很多人而言，生计都成问题，更何况开设一家银行。但集友银行如果办不下去，意味着集美学校办学资金就成了问题。

彼时香港虽具对外开放之便利，但远非今日金融中心的盛景。集友银行虽然开门营业，但若想长期存续发展，不仅需要集友人的坚持和勤力，更需要时代所赋予的机遇。

20 世纪四五十年代，内地大量资金涌入香港，对金融服务的需求快速提升，各类银行如雨后春笋般出现在香港。其中，集友银行由于已有厦门、上海两行，在香港成立初期则主要经营汇兑业务，办理内地两分行的转汇工作，至 1950 年后，方开始正式经营银行一般业务。

至此，集友银行在香港扎下根来，跟正在兴起的远东金融之都，一起成长。

第一节 立足香港 摸索成长

现如今无论身处香港哪个区，都能看到集友银行紫红色招牌，颇为醒目。

不过如果走在 1947 年的香港街头，是很难见到集友银行的招牌的，因为当时集友银行尚没有对外服务，只在中天行 406 室开设了一间办公室，主要办理厦门和上海的转汇款工作。

三年后，1950 年 4 月，集友银行为了开设对外服务，行址由中天行迁至香港雪厂街 10 号旧显利大厦地下（今新显利大厦）。此时，集友银行发展步入快车道，开设存款、放款、侨汇、信用状、代理保险等业务，往来户数逐年增长。

集友银行当年在香港中环雪厂街 10 号行址

集友银行当年在香港中环雪厂街 10 号的营业厅

20 世纪 50—60 年代，集友银行排队铜筹

20 世纪 50 年代初，集友银行在香港的快速发展离不开时代大背景。当时，中国内地大量资本和人才的涌入，使香港在极短时间内完成了资本积累；与此同时，香港转型发展实体经济，为银行业带来了巨大的业务需求和发展空间。香港银行业由原先以押汇、侨汇及汇兑为主，转向提供更多元的业务，尤其是为制造业和新兴的房地产业提供贷款，增长显著。无论是实力雄厚的外资银行，还是初有起色的本地银行，都在香港 50 年代这轮发展中获得机遇，集友银行也不例外。

1952 年，集友银行获准为外汇银行公会会员及香港银行票据交换所会员行，是当年 22 家直接交换行之一。

1959 年 8 月，集友银行获准为外汇授权银行，即向英国伦敦汇丰银行开立外币存款户，直接经营外汇进出口业务，并建立海外代理行关系。

1959 年 8 月 15 日，《大公报》关于集友银行列为外汇银行的报道

1962 年，香港银行票据交换所为提高效率，将直接交换行由原来的 25 家减至 16 家，集友银行仍在 16 家中保有一席之地。

如果说，集友银行依托香港逐年扩展的业务，是犹如日渐粗壮的枝干；那么集友银行一步步在香港扩张网点，则如同密集的根系，深深地、细密地，深扎入香港的沃土之中。

1959 年 11 月，集友银行自置行址，在香港开设了本行第一家支行——北角支行，扩大服务范围。

1960 年 1 月，集友银行在九龙漆咸道 240-242 号地下自置行址，开设本行在九龙区的第一家支行——红磡支行。

可以说，集友银行在香港的初创时期，乘着香港经济的起飞，业务小有起色，规模也在不断壮大，通过稳扎稳打地经营，获得了一定的成长。

20 世纪 60 年代，集友银行敢为人先，专门聘请了留英儿童教育家，

大力推广"儿童储蓄"和"妇女储蓄"业务。不仅推出相应的宣传广告，鼓励妇孺储蓄，养成良好习惯。还设计并铸造精美的储蓄箱致送女性客户，深受女性客户的喜爱。

集友银行关于"儿童储蓄"及"妇女储蓄"的广告

此外，在新春佳节之际，集友银行还设计及印制了一系列新年红包袋，封套采用纸质及胶质，除印有新年祝贺之外，更借此向客户传递"储蓄是治家之本、致富之道"的理念。

本着服务社会与家庭的宗旨，集友银行还精心编印了《家庭宝库》一书致送客户，该书 200 余页，文字约 20 万字，涵盖内容丰富，包括家庭布置、生活情趣、健美常识、社交生活、烹饪裁剪、医药卫生、儿女教育等，都是切合当时家庭日常的生活须知。

集友银行编撰的《家庭宝库》

　　一系列的业务宣传和推广让集友银行的妇女及儿童储蓄业务大获成功，很多女性客户以获得集友银行的储蓄箱为荣，极好提振了集友银行的品牌和名气。

由集友银行设计并铸造的精美储蓄箱

不仅业务取得了成功突破，在那个年代开展及推广此两项业务本身，就有着非常积极和深远的社会意义。

20世纪50—70年代，香港社会及经济有很大转变，工业取代农业，大量工作机会出现，使得女性在经济社会中的参与度大增。也是在那个时期，出现了大量"工厂妹"，她们由依赖家庭到在经济上贡献家庭，地位大大提高。她们在经济上独立起来，可以以个人的意志选择未来的路，不再只能是旧社会妻子和母亲的角色。

在这个女性社会角色日渐多元的时代背景下，集友银行推出"妇女储蓄"，在当时的香港，有着非常积极的社会意义。一方面，对于刚刚进入社会的女性来说，可以提高她们的储蓄意识，多为自己的未来发展做打算；另一方面，对于仍以照料家庭为主业的女性来说，提高储蓄意识，让她们能够更好地经营自己的家庭，让整个家庭更加幸福向上。正如当年集友银行妇女储蓄业务的广告语所言："为姐妹们解决经济问题，使众家庭臻于幸福快乐。"

虽然集友银行依然努力地在香港积极拓展各项业务，但是，进入20世纪60年代，整个香港金融业暗流涌动，危机浮现，如何在逆流中站稳脚跟，也将考验这家刚刚经历十年快速发展的新兴银行。

第二节　街坊银行　灵活亲切

如果说在潮起潮落的香江之畔扎下根来的集友银行，像一棵小树，那么在1970年加入中国银行后，集友银行更像在一片树林之中，共同栉风沐雨，枝繁叶茂。

吴文拱在集友银行任职40余年，并于1992年至2012年就任集友银行总经理。他感慨，加入中银大家庭，帮助集友渡过风高浪急的时代潮涌，中银从政策、资金、人员和业务等多方面鼎力支持集友银行。其中最突出的，要数充实资本、业务拓展和开设分行三项。

集友银行与中银最初结缘是在 1970 年——中银增资 500 万港元，以充实集友银行的资本。

1978 年 8 月，为了扩大经营和提高声誉，集友银行资本额从 1000 万港元增到 3000 万港元，新增的 2000 万港元中，有 1000 万港元来自盈余积累，按比例分给各股东作为红股，其余 1000 万港元由各股东按比例认购，一部分私股股东放弃认股，由中国银行香港分行补足。但很快，如此规模的增资还是不够。香港在 1982 年 8 月重新规定一家银行的最低实收资本为 1 亿港元，中国银行香港分行再度增资集友银行。

业务发展上，集友银行也在香港中银的庇护下茁壮成长。举例而言，从 1979 年开始，中国银行实行储蓄存款计算机化，旗下 13 家银行提供联机服务，以"一本存折在手，十三间银行有户口"为宣传口号，作为成员行之一的集友银行为客户提供便捷的银行服务，有利促进了业务的发展。

分行建设上，在中银入股之前，集友银行仅有北角、红磡两家支行（后改为分行），在中银入股之后的 20 世纪 70 年代，集友银行就开设了观塘、湾仔、深水埗、新蒲岗 4 家新的分行。到 2008 年，集友银行香港本地分行已经扩展到了 24 家，实现了香港重点地区全覆盖。2009 年 3 月，集友银行在厦门开设了集美支行。2012 年 12 月，厦门观音山支行开业，集友银行进一步开拓内地的客户群，持续发挥内地分行优势。

资本、业务、分行，三箭齐发，集友银行进入发展的黄金期。到了1986 年，集友银行资产总值已经比 1969 年增长了 47 倍。时任集友银行董事长陈光别在《香港集友银行创办四十周年纪念特刊》中谦逊地表示："对香港的经济发展，对祖国的四化建设尽了一份力量；对集美学校也尽到了一定义务；对海外华侨、香港各界人士能更好地提供服务。"①

业务不断壮大，但在银行林立的香港，如何找准自身定位，差异化竞争，才是长远之计。经过持续探索和调整，集友银行逐渐把改革重心放在提高和优化服务质量，以及加强与客户的紧密关系之上，逐渐形成"灵活、高效、贴身"的集友银行服务特色。

在香港，如果请一位香港市民形容集友银行，他可能会说，集友银行是一家亲切的"街坊银行"。

时任集友银行总经理孙鸿基在1990年度工作概况报告中有记录："年内向全体同仁提出'全行力求成为所在地区最优的银行'及'集友服务，更胜一筹'的号召，进一步深化良好服务，改善我行对外形象。"而根据1994年度业务工作报告的记录，那一年集友银行也在加强支行与区内街坊的联系和积极参与当地社团活动，借此与坊众建立长远关系，在地区内生根发展，竖立起"街坊银行"的形象。客户对集友银行来说亦客亦友。

在企业银行业务上，集友银行也践行同样的理念，服务好中小企业客户。2001年总经理业务报告中提出：中小企业乃本行的主要对象，本行的目标是成为"中小企业首选银行"，向其提供灵活贴身的服务，为企业客户推出灵活的融资产品，如机器设备贷款、发票贴现及流动资金类的贷款等。在集友银行"知难而上，变革求进"的中期策略规划（2003—2006年）中也明确了目标客户为中小企业，配合工商企业客户进入内地市场开拓业务，自始至终都在践行"灵活、高效、贴身"的服务原则。

吴文拱总结道，集友银行是一家中小型银行，要找准自己的定位，与银行同业差异化竞争，才能赢得一席之地。"我们最大的优势就是灵活，

---

① 陈光别：《四十年历程回顾》，载《香港集友银行创办四十周年纪念特刊》，第5页。

同时我们的服务又很快捷、高效，为客户提供个性化服务，是我们的核心竞争力。"

通过常年经营，集友银行与客户形成了亲切而信任的关系。

1997年，香港回归祖国，这一年，恰逢集友银行在香港创立50周年。根据当年业务工作报告的记录，集友银行举办了盛大的庆祝晚会。"为庆祝我行成立50周年，在'会展中心'新翼举办以'集友与您共成长'为主题的庆金禧晚会，获得1300位社会贤达各界友好及客户良好响应和共鸣，节目别具心思，客户参与演出，洋溢一片银行与客户水乳交融、风雨同舟共拼搏的历史缩影。"集友银行与客户的良好亲密关系可见一斑。

这些探索带来超额的收益，体现在1997年的集友银行业务工作报告中，"近年来，我行成本收益率均优于同业的38%的水平，这体现我行一直是香港最具成本效益银行之一。1997年成本收益率为20%，比1996年的22.5%再创新低，成为最低历史记录"。

背靠中银，集友银行努力生长，几十年来，形成了稳健的经营策略，建立了积极开拓的思维，提出并践行了"灵活、高效、贴身"的服务原则，业务蓬勃发展，客户鼎力支持，终于开花结果，开创了属于自己的辉煌。

"亲切·灵活·贴身·专业"，是集友银行使用至今的服务理念。一路走来，一路开拓，集友银行扎根香港，服务客户的定位和初衷从未改变。

随着时代的发展，集友银行的客户分层和服务也在不断与时俱进。2021年，集友理财SELECT品牌创立，立足做好高净值客群的服务，为高端客户群体做好更细致化、更个性化的贴身服务。集友理财SELECT经过一年的发展，至2022年高净值客群市场迅速扩张，理财户数增长迅猛，超额完成指标，集友理财SELECT成功打响高端服务品牌，同样也贯彻了集友银行"灵活、高效、贴身"的服务原则。

第三章　服务桑梓　联通闽港

看到"集友"两个字，厦门人可能不由得产生亲切感。因为倡办人陈嘉庚是厦门集美社人，不难理解"集友"这个名字蕴含的家乡情缘。

集友银行建立的目的就是"以行养校、以行助乡"。陈嘉庚在创行早期给次子陈厥祥写信，后者时任集友银行总经理，信中陈嘉庚明言，不管银行盈亏，集友银行每年要给集美学校委员会建筑费用 12 万港元。可见这份乡情已深深融入这家银行的基因之中。

"重乡情就是集友银行最大的特色。"集友银行前董事兼副总林经纬一毕业便进入集友银行，在集友银行工作了 21 载，他始终认为："集友这种'重乡情、富人情味'的特色，不是一般大型银行可以比拟的。"[①] 2015 年起集友银行每年举办闽南语培训班，鼓励员工多用闽南语与福建客户交流。事实上，闽籍客人也表现出对集友银行天然的亲近感，源于福建、扎根香港的集友银行顺理成章地架起联通闽港的桥梁。

数字更有力地证明这一点：成立 80 年以来，集友银行为超过 5 万户福建客户提供金融服务，闽港联动投融资业务超百亿港元，服务福建省企业国际结算业务量超 300 亿港元。

---

① 《集友银行七十周年纪念特刊》，第 112 页。

第一节　生于福建　长于香港

联升集团主席庄瑞杰和集友银行有着深厚的渊源。

1961 年，庄瑞杰与母亲从福建初来香港。早在此前，他的父母就已经是集友银行的客户。庄瑞杰记得当时身在菲律宾的父亲，通过集友银行定期汇款来香港，而母亲就在集友银行北角分行办理侨汇手续。他说，集友银行对于他们家乡、福建人来说感觉最为亲切，服务最为贴心——他忆述当年时有客户经理上门协助其办理汇款手续，何时到期、何时汇款都有专人提前通知他，事事关顾其需要。

而这样一种乡情是代代相传的。

庄瑞杰自己在香港经营的业务，也自然而然地选择源自福建的集友银行作为合作伙伴，不少生意上的投资，集友银行都予以支持，合作无间。在《集友银行七十周年纪念特刊》中有记录："记得当时我在香港发展的第一个房地产项目是在红磡区，那时集友银行让我的售楼书放在红磡分行，无条件为我的项目作推广。"[1] 至今，庄瑞杰在投资上的资金调配，集友银行仍为他作妥善安排。

对庄瑞杰来说，集友银行是一家人情味浓的银行。他期望集友银行未来可以进一步团结福建乡亲，继续为他们提供像家人、像朋友般的关怀与扶持，并以开放而稳健的步伐发展，充分发挥"乡亲情浓、人情味重"的独特色彩。

而庄瑞杰小时候，妈妈办理侨汇的集友银行北角分行，正是集友银行在香港开出的第一间分支行。

1959 年 11 月，集友银行在北角英皇道 412–414 号地下自置行址开设

---

[1]　《集友银行七十周年纪念特刊》，第 115 页。

北角支行，而选址在此，正是因为在香港，北角有"小福建"之称。

福建省以海为邻，不少福建人早年间就已漂洋过海外出谋生，香港开埠后便有不少福建人来港经商。新来港的福建人由于言语不通，为了互相照应，大多数住在北角，如新都城大厦、侨冠大厦和美仑大厦等。1962年，旅港福建商会亦搬至北角，四年后在渣华道建成福建中学新校舍。在北角居住的福建人和福建社群越来越多，因而北角也被称为"小福建"。

作为一间创立于福建的银行，集友银行把在香港的第一家分支行设立在"小福建"，可以说是合情合理。

由此刻开始，集友银行致力于服务好聚居北角的闽籍客户，长期的贴身服务也赢得了闽籍客户的青睐。甚至在集友银行内部，也汇集了一众闽籍华侨和乡贤，其中还有不少是厦门大学和集美财经学院的老师和毕业生，他们为集友银行的发展和经营付出了心血和青春。

闽港情缘，在改革开放后进一步深化和拓展。20世纪80年代，集友银行在内地设立厦门分行和福州分行，成为当地最早开业的外资独资银行，有力地加强了闽港之间的金融联系。1995年至1997年，集友银行连续三年在香港举办水仙花展暨业务推广活动，以大力宣传集友银行与福建的历史渊源。2008年，集友银行派代表参加北京奥运会火炬传递（福建站），再一次加深集友银行与福建文化的交流。2014年，集友银行分别在福州、厦门举办环球市场经济讲座，加强与闽籍客户的交流。此外，多年来持续为陈嘉庚在故乡创办的集美学校提供丰富的经费支持，派发予集美学校的股息及红利超过28亿港元，有力地支持了集美各校教育事业的发展……

回首80年发展之路，"联通闽港"一直是银行最重要的发展策略，集友银行为此孜孜不倦，默默耕耘。

闽籍客户也向集友银行展现出信赖。2015 年，集友银行个人金融业务部曾对闽籍客户进行调查，询问他们对集友银行的认同原因及对银行理财产品的倾向性。调查结果显示，75.8% 的受访者使用集友银行服务的年限在 10 年以上，平均使用集友银行服务的年限为 12.6 年，反映了闽籍客户对集友银行具有极高忠诚度，高度认同其服务水平；有 69.4% 的受访者表示他们以集友银行为主要使用银行，在选用集友银行的原因方面，受访者认为集友银行形象具福建特色、稳健及务实，充满"人情味"、专业，是可信赖的银行品牌。

为配合集团业务发展方向，也为了更好地服务闽籍客户，集友银行于 2022 年设立"闽港业务专组"，以巩固及开拓闽籍客户市场为目标，因应闽籍客户在传统存款、放款产品以及财富管理服务的需要，度身制定业务推广优惠，规划专属之营销策略及营销活动，提供贴身高端理财银行服务，为闽籍客户群提供一站式的理财方案，致力打造"精品银行"品牌，力臻成为闽籍人士主要往来的首选银行。

第二节　因时而动　重返内地

1983 年，一个由集友银行的员工组成的代表团抵达厦门岛，他们此行是受中银集团位于港澳的 5 家兄弟行委托而来。这 5 家兄弟行分别是香港集友银行、南洋商业银行、华侨商业银行、宝生银行、澳门南通信托投资有限公司。

他们责任重大——要联同中国银行总行信托咨询公司，参与组建厦门经济特区联合发展公司。这家公司将以海外资金支持，开发建设位于厦门岛的湖里工业区。

这个年轻的工业区此时才 3 岁，但其意义非凡。1978 年，中国开启改革开放的历史进程，市场经济的澎湃之力，汹涌而出。改革需要试验田，开放需要突破口——目光瞄向沿海，国家决定在深圳、珠海、汕头和厦门建立经济特区。1980 年 10 月 7 日，国务院批复同意在厦门岛西北部的湖里地区划出 2.5 平方公里的土地设置厦门经济特区。

以集友银行为代表的中银港澳几家兄弟行积极响应，支持经济特区建设。对集友银行来说，这个地方更是集友银行倡办人陈嘉庚的家乡，回到这里投身建设，正是践行"以行助乡"的初心。

正因为如此，在支持家乡建设过程中，集友银行格外努力。翻开 1983 年的工作概况汇总，集友银行在那一年通过各种形式，积极宣传介绍厦门的投资背景，先后组织 4 批 95 人次的海外华侨、港澳客商和同业到厦门特区参观考察，也陆续介绍个别或小组客商到厦门洽谈投资项目。通过集友银行介绍引进客商到厦门洽谈投资项目共有 27 项，为经济特区建设积极穿针引线。

第二年，回乡的步伐更坚实。1984 年 4 月 2 日，集友银行获中国人民银行批准在厦门设立代表办事处。1984 年 5 月 4 日，集友银行厦门代表处正式开立，为客商到厦门参与投资建设，提供资金和咨询服务的方便。至此，在香港扎根 30 多年后，集友银行重返"祖籍"地。

这一刻，对于集友银行而言，恰如早年间南洋华侨漂泊半生，回到家乡时一般壮怀激烈。

无论对于厦门，还是集友银行，摆在面前的是一个崭新的契机，一个不容错过的时代机遇。

1985 年 6 月，厦门经济特区扩大到厦门全岛和鼓浪屿全岛，并逐步实行自由港的某些政策。同月，习近平同志抵厦赴任厦门市常务副市长，正值厦门经济特区建设进入全方位推进的新阶段。

从 2.5 平方公里扩至 131 平方公里，厦门经济特区建设亟盼境外资金与技术助力。钱从哪里来？几经考虑，习近平同志去往香港，拜会时任香港中华总商会副会长、中银集团港澳管理处副主任林广兆，表达了厦门市政府对香港中银集团到厦门投资的热诚期盼和全力支持，得到了林广兆的积极响应。①

此后数年，香港中银本着"特区特办、新事新做"的理念，把支持厦门经济特区建设作为重点项目，为厦门发展提供了强大的资金支持，而这个过程中，最具"厦门基因"的集友银行担任排头兵的角色。

1985 年 11 月 8 日，集友银行厦门代表办事处获中国人民银行批准升格为分行。1986 年 1 月，集友银行率先在厦门经济特区设立分行，成为当地最早开业的外资独资银行。

林广兆认为，当时最重要的是金融要搞活。集友银行进来了，境外金融的先进理念和大笔资金就都进来了，特区的发展才能体现出"特"字，速度才能提上来。

集友银行的确给厦门带来了不少先进的金融产品和业务：

首先是押汇业务，也称为进出口贸易结算。集友银行厦门分行利用香港总行与世界各重要贸易地区有代理行关系的优势，截至 1986 年年底，在进出口贸易结算方面，已办理的综合信用证的开立、通知、押汇、托收、出口贸易结算及汇兑业务共 800 多笔，涉外金额为 1.98 多亿港元。1987 年，在进出口方面所承做的开出或接受海外信用证、进出口押汇、托收等业务，合计 5 亿多港元，进出口业务大幅增长。带动其他业务的进展，例如：1987 年代理中国人民保险公司开出外汇保险单 8000 余万港元，

---

① 本书编写组：《闽山闽水物华新——习近平福建足迹》（上），福州：福建人民出版社；北京：人民出版社，2022 年，第 326 页。

比上年度增长 1.6 倍。为推进特区对外贸易的发展，支持厦门企业争取多出口、多创汇和及时收汇贡献了集友力量。

其次是为进驻厦门投资的外资企业提供外汇贷款。集友银行厦门分行服务对象以外资企业为主，大部分外资企业是外向型运营模式，对原材料进口、产品出口的资金周转及购置厂房等，均有外汇贷款的需求。厦门分行利用母行在香港，外汇资金充裕的优势，为本地外资企业提供了低成本的外汇信贷资金支持，为早期来厦门湖里经济特区开厂的港资、台资企业提供厂房、进口设备、进出口押汇等外汇贷款业务，加快了外资企业资金周转速度。厦门分行积极利用总行在香港分支机构多、海外代理行处多、信息灵通之特点，为外商投资企业及国内企业提供广泛的信息咨询和桥梁作用，积极为内地客户介绍海外贸易与投资客户。

最后是集友银行还给厦门带去了香港的购房按揭。在 20 世纪 80 年代，内地房地产行业刚起步，商品房属新生事物，很多外商来厦门创业的同时，个人也有在厦门购置个人产业安家的需求。而当时内地的相关金融产品较为匮乏，特别是市场还未有针对境外人士的楼宇按揭贷款业务。厦门分行锐意进取，勇于创新，与厦门市房产及投资发展公司合作，创办了购房分期付款抵押贷款业务，根据 1987 年刊登在《福建金融》上的《开拓前进中的厦门外资、中外合资银行》一文："集友银行厦门分行 1986 年共贷出 2200 万港元，积极支持我市工业和房地产业。去年刚落成厦门鸿山花园住宅楼，共有 30 多个单元，出售量在 90% 以上，其中在信贷资金上就得到该行有力的支持。"①

① 陈三美、杨秉：《开拓前进中的厦门外资、中外合资银行》，载《福建金融》1987 年第 6 期，第 45、46 页。

第三节 心系故土 联结闽港

除了上述金融产品和业务，集友银行为厦门经济特区的建设和发展，贡献智慧和力量，不遗余力地帮助家乡发展经济。

为了帮助厦门本地外贸企业了解掌握信用证结算等国际贸易实务运作，厦门分行在银行成立初期业务繁忙的情况下，还为厦门、福州等本地三资企业、外贸单位和银行举办了 8 期国际结算讲座，受到了各单位及学员们的欢迎，参加学员中不乏当地各银行行长，为特区的外贸和金融人才的培养，作出了积极贡献。

1984 年 11 月，集友银行编撰并印发了《福建省厦门经济特区投资指南》，全面介绍了厦门经济特区的广阔发展前景，以及投资优惠和保障，吸引外商来厦门投资，共同建设厦门经济特区。

《福建省厦门经济特区投资指南》封面

这本小册子上，也能看到家乡人们对集友银行所作贡献的认可，在序言中，时任厦门市市长邹尔均写道："香港集友银行热忱支持厦门经济特区的开发建设，积极参与中国银行总行信托咨询公司、厦门经济特区建设发展公司和港澳五家行司联合组成的'福建省厦门经济特区联合发展有限公司'。香港集友银行为港澳五家银行、公司的总代表，负责联系、介绍客商来厦门经济特区投资，做了大量有益的工作，起了穿针引线、搭桥铺路的积极作用。"①

"祖国实行改革开放，搞活经济后，我行成立了中国投资咨询部，为祖国四化和特区建设提供服务，引进和介绍海外华侨、客商到国内投资。近几年来经我行提供贷款投资项目达35个，遍布在国内12个省、市"。时任集友银行总经理何坤在《香港集友银行创办四十周年纪念特刊》中热情地写道，"在厦门经济特区开设了厦门分行，为经济特区提供了全面性的银行服务，对特区企、事业的业务人才培训也尽了一份力量。"②

随着福建省对外经济的发展，集友银行进一步于1988年7月在福州设立办事处，提供联系及业务洽商服务。1993年，福州办事处升格为分行。

福州分行的成立，让集友银行能够更好地为福建省经济建设发展贡献力量。从此以后，"厦门""福建""祖国"成为集友银行每年工作总结的高频词。

1988年，在集友银行总经理孙鸿基的工作概况报告中记录："为配合我国开放政策及经济特区建设，我行对有关国内业务的放款持续上升，厦门分行开业三年来，为该地区的国内企业及三资企业提供了全面之金融服务，年内并获人民银行批准试办人民币存、放款业务，业务有显著发展。"

---

① 香港集友银行：《福建省厦门经济特区投资指南》，1984年，第2页。
② 何坤：《献词》，载《香港集友银行创办四十周年纪念特刊》，第7页。

在 1989 年工作概况报告中，孙鸿基再次强调集友银行对福建省及厦门经济特区经济建设之重视："我行的国内业务以配合福建省的经济建设为重点，1989 年，厦门分行增设了湖里加工区联络处，对厦门经济特区三资企业提供更全面的金融银行服务。"

不仅在厦门，20 世纪 90 年代，集友银行参与多笔内地基建项目及银团贷款、担任 IPO 包销商及主收票行。例如，牵头为投资水口水电站组织了 2000 万美元的银团贷款；牵头组织了一笔与多家外资银行共同参与的 3000 万美元银团贷款，用于兴建福建龙岩火电厂。业务进一步腾飞发展。

水口水电站项目贷款签约仪式

福建龙岩火电厂项目贷款签约仪式

经过十年的发展，集友银行在福建市场积极进取，获得越来越多的同业认可和国际影响，不再是一家名不见经传的小银行。

1993 年至 1994 年，集友银行连续两年获"汤臣百卫"亚洲区最佳表现银行第二名。

《银行家》杂志公布世界 1000 大银行排名，集友银行在 1995 年及 1996 年分别排名第 699 位及第 636 位，2000 年再跃升至第 465 位。

1999 年度，集友银行盈利水平排列在亚洲第 60 位，媲美同业先进水平。

进入 21 世纪，中银集团于 2001 年 10 月完成重组，集友银行成为中国银行（香港）有限公司的附属公司，继续共享后者庞大的网络设施及强大的后勤支持平台；与此同时，作为最早一批在内地设立分行的外资银行，集友银行充分发挥这一优势，一直在积极探索跨境银行业务。

"开拓进取"成为集友银行进入内地市场的座右铭，在各类金融业务上，集友银行发挥自己熟悉两地情况的优势，灵活创新，推进了一系列卓有成效的跨境业务。

进入21世纪，集友银行尝试为客户提供跨境银行服务，推动总行与内地分行客户的联动发展，提出口号"专业、全面跨境金融服务"；2007年，为配合客户业务全面融入内地市场的转型需要，以及对跨境服务的需求，集友银行利用内地分行平台，提供一站式跨境服务及推出一额两地用、一额两币用、异地资产抵押等融资产品；同时通过跨境产品服务，开拓了一批新的客户群，并以全方位营销模型，促进了产品之间的联动效应，例如争取了内地的离岸企业账户，带动了两地的贸易融资和结算，人民币存款服务带动了兑换，借船舶融资开拓了船舶及船东保险等。

2011年至2012年，集友银行连续两年被《亚洲周刊》评为"亚洲银行300间排行榜中总资产回报率为20大银行之一"，其中2011年为第16位、2012年排在第8位。

回顾那些日子，曾在1999年至2002年担任集友银行副董事长的林广兆在《集友银行七十周年纪念特刊》中表示："我是福建人，既见证了集友银行的发展壮大，又荣幸能参与集友银行的管理。自进入董事会后，我亲身体会了中银集团对集友银行的关心和支持。在中银集团的统一领导下，集友银行业务进一步巩固和扩大了福建客户群。这对集友银行本身的发展壮大也产生了积极的作用，股东也得到更好的回报。"[①]

尤其值得一提的是，集友银行对于福建的经济发展，特别是厦门经济特区的建设发展，作出了不可磨灭的贡献。集友银行用香港先进的金融方

---

① 《集友银行七十周年纪念特刊》，第109页。

式、服务和产品，助力厦门经济特区的腾飞，切实践行了陈嘉庚"以行助乡"的初衷。

到 2022 年，厦门分行已扎根厦门经济特区 36 载，厦门分行始终保持着自己的独特优势，在结算业务方面屡创新高，在服务中小微企业方面屡立战功。

2021 年，集友银行厦门分行服务中小微企业案例《弘扬"嘉庚精神"，践行社会责任》在第九届中国中小企业投融资交易暨 2021 年"小企业 大梦想"高峰论坛上，获得"2021 年金融服务中小微企业优秀案例"荣誉，这是对厦门分行始终秉持陈嘉庚"爱国爱乡"创行初心，躬身服务中小微企业工作成效的高度肯定。

厦门分行始终将结算业务作为分行经营发展的本源和主业之一予以持续投入和大力发展，坚持聚焦服务实体经济，持之以恒为客户提供优质的跨境本外币结算服务。2022 年上半年，厦门分行结算汇款累计超 3.5 万笔，同比增长 15.32%；结算汇款量合计达 227 亿港元，同比增长 92.25%。

36 年来，这个再次回归家乡的厦门分行，始终充分发挥结算业务优势，坚持聚焦服务实体经济，持续为客户提供优质的跨境货币结算服务，推动厦门经济特区的发展。

福州分行取得的成绩同样瞩目。集友银行福州分行各项业务规模在福建省外资银行中均处于"领头羊"位置，为全方位推进高质量发展超越作出"集友"贡献。

比如，福州分行于 2021 年打通美元债投资通道；着力为本地企业提供资产管理一条龙服务，向多家"一带一路"沿线国家开展进出口业务的企业提供跨境结算、贸易融资服务，持续助力"一带一路"建设。

再如，2022 年 3 月 22 日，集友银行福州分行投资省内优质国企 JT 集团发行的美元债投标成功，这是该行首笔"直投"澳门债券交易所发行的债券业务。作为福州市首家加入澳门债券交易所成员并直接通过澳交所完成投资的金融机构，也是境内首家以分行级单位名义参与澳交所投资的金融机构，这标志着该行成功打造了全面覆盖主流债券投资管道的"金融工具箱"，为境内企业赴境外发债搭建桥梁。

集友银行福州分行作为福建省、福州市两级技改基金项目的合作银行，目前已与179家技改清单企业实现接洽并对接需求。截至2021年年末，该行投向民营企业贷款超过30亿元，为做强做优做大实体经济注入源源不断的"金融活水"。

此时此刻，如果请一位福建人形容他眼中的集友银行，得到的答案很可能是，"这是一家积极进取、成绩卓著的银行"。

值得一提的是，集友银行的"闽港情缘"还顺着血脉的联系，延伸到台湾地区。

在集友银行厦门分行正式成立第二年，也就是1987年，台湾当局开放台湾同胞赴大陆探亲，随着台湾同胞到大陆探亲潮的涌现，许多台湾同胞亲眼见到祖国大陆在改革开放的政策推动下，生机勃勃，商机无限，海峡两岸经贸往来日益频繁。

到1990年"台湾"一词也出现在集友银行的工作概况中，"厦门分行及福州办事处在争取台商业务方面进展颇理想，截至年底台商户已有一百多家"。

1991年，台商业务量突飞猛进。这得益于集友银行的积极进取，紧跟祖国对台开放政策，利用香港总行在国际金融中心的优势，依托中银香港先进、庞大的国际清算网络，突破樊篱，勇于创新，积极研讨优化、提速对台结算。

1991年6月，集友银行率先与台湾民营银行——华侨商业银行建立代理关系并开展业务往来，8月争取了万国宝通银行委托集友银行办理台湾电汇业务，通过香港集友银行收汇，再转汇到集友银行厦门分行，突破当时两岸刚开放，汇款路径不通畅的现实困难，在当年对台汇款结算速度处国内同业领先水平。

此路一通，往来络绎不绝。诸多内地中资同业亦纷纷开展与香港集友银行的代理行关系，借助集友银行率先打通的汇款路径，开展对台汇兑业务。由于汇款速度优于同业水平，20世纪90年代福建省内甚至周边省份的台商、台胞纷纷选择在集友银行厦门分行、福州分行开户往来，也为后续内地分行顺利开展对台业务奠定了基础。

两家分行为诸多台商、台胞在祖国投资创业、安顿家庭，提供了厂房、设备抵押、台胞个人房屋按揭贷款等综合性金融服务，树立了良好的市场口碑，目前厦门分行仍是厦门市台商协会会员单位，积极为台商、台胞提供跨境金融服务。

在中断交流近40年的海峡两岸打开金融通路后，爆发出的增长是惊人的。1994年度的集友银行业务工作报告中记录："年内将汇款业务集中处理，同时通过重编汇款计算机程序，简化工作流程，使汇款日处理量提高250%，去年仅经我行转往大陆的台湾汇款一项就增长了78.7%。整体汇款业务也比去年增长107.4%，大大增加了手续费及邮电费收益。"

第四章 守正创新 止于至善

2017 年股权交割以来，集友银行再次面临新的时代机遇，如果说在中银时代，集友银行是在大树的庇护下成长，那么在新形势下，集友银行成为厦门国际银行的一分子，为这家快速成长起来、实力雄厚的银行，开辟新前景！

在厦门国际银行的支持和帮助下，集友银行克服了重重困难，保持平稳过渡、持续向好发展。很快，一系列新思维、新管理、新机制、新营销文化，涌向这家历经近 80 年风雨的老银行，集友银行似乎早已在等待这个时机，如饥似渴地吸收新鲜的理念和文化，提出"二次创业"的精神。

短短 5 年，总资产、客户存款及客户放款均实现大幅提速增长，逐渐走出了集友特色，奋力实现了上台阶的目标。可以说，交割 6 年来，集友银行以又好又快的发展势头分步实现了资产破千亿、利润破 10 亿，朝着后续整合成本的规模效应和经济效应迈出了坚实的第一步。

第一节 从质到量 全面提升

股权交割前，集友银行经营发展独立性较弱，发展基础薄弱，战略和策略定位模糊，风险管控组织功能缺失，人力资源存在结构性缺陷，面临的挑战前所未有。

股权交割后，在厦门国际银行的领导和支持下，集友银行克服了各方压力，成功应对了香港社会舆情和新冠疫情不可控等重重困难，以及过渡期内分离整合工作量庞大且艰巨，境内外文化差异和各层级人员流失等重重挑战，在薄弱的发展基础和复杂的内外部环境之下，以持续稳健、亮点频出的发展，体现了厦门国际银行的务实、坚韧、支持的态度和决心，证明了集友银行可以稳定、更可以有所作为的发展。

首先，集友银行规模大幅增长，综合实力跃上新台阶。综观过去五年的规模及盈利完成情况，集友银行总资产、存放款、利润增幅一路高歌、加速攀升，业务规模高速增长、拾级而上，从2018年年底总资产规模一举超越千亿港元，到2019年客户存款历史性突破千亿港元大关，截至2022年12月末，本行总资产达1800亿港元，是交割前的3倍，交割两年，利润即接近翻番。总客户数于2021年成功突破20万户大关，客户数保持每年平均超过1万户的净增长量，这在银行林立且金融市场成熟的香港是极其难得的。伴随着存量客户的维系和增量客户的拓展，客户潜力也得以深度挖掘，零售客户户均存款也实现翻番。

其次，资本力量也不断夯实。集友银行时隔30年重启增资扩股，股权交割后6年完成5次资本补充。坚持发金融债、引进战略投资者并举战略，持续优化资本结构，资本实力不断提升，为业务进一步发展奠定坚实的基础。更于2022年内成功完成发行2亿美元二级资本债及2亿美元一级资本债，使集友银行能在复杂多变的经营环境下保持稳固的资本基础，确保各项业务顺利开展。此外，集友银行还在持续推进落实新一轮增资扩股方案，为未来业务健康发展夯实底盘。

集友银行内地分行时隔20余年重启发展，各项业务指标稳立外资银行首位，厦门分行、福州分行提速奔跑，总资产规模翻两番，实现了较快的稳健发展，并成为福建当地最大外资银行。深圳分行开业仅一年客户资产突破 100 亿港元，跻身深圳外资银行前列。

集友银行的品牌影响力也在不断加强。股权交割以来，集友银行斩获多个卓越雇主大奖，卓越雇主品牌形象深入人心。同时，集友银行在履行社会责任方面的实践和探索也屡获肯定，荣获"杰出可持续发展企业社会责任大奖""杰出企业社会责任奖""卓越 CSR 大奖""商界展关怀"等奖项。积极融入国家发展大局，集友银行获得"粤港澳大湾区最佳银行奖""粤港澳大湾区最佳商业银行大奖"及"大湾区企业同创大奖"。

一个个奖项擦亮集友的金字招牌，为集友银行继续"立基香港、联系华侨、服务社会"呐喊助威。

2018 年 9 月，集友银行参与香港金管局推出的"转数快"快速支付系统

集友银行在股权交割之后发生的变化和取得的成绩是得来不易的。刚刚股权交割不久，就赶上新冠疫情等一系列复杂困难局面。集友银行因时因势不断调整"打法"，通过"变思""变法""量变"带动"质变"，以变应变的"思路"打开"出路"，及时分析外部局势和经济形势，作出决策部署、调整作战策略，总结经验教训，慎思自省、破旧立新，在迎难而上中化危为机。

第二节　风控"铠甲"　系统搭建

高质量发展的前提，是能够控制住风险。

股权交割以来，集友银行秉持"驾驭风险、精艺管理"的经营思路，2019 年以"质量管理年"作为指导思想和行为准则，2020 年则坚持"风险为本"的导向，2021 年强化"合规经营、稳健发展"，拾级而上锻造硬核且灵活的风控"铠甲"。

通过夯基垒土，建立并深化全面质量管理体系建设，努力推动条线建章立制工作，积极加强银行风险治理和风险管理，朝着"组织独立性、相互制约性、管理前瞻性、执行高效性"特质的风险管理体系方向推进，在解决问题的过程中保持稳健发展。不断强化贷前预警、贷中监测和贷后控制的风险管理能力，建立"风险全景图"加强各类风险的持续监测能力及预警机制，并不断完善风险全景图覆盖范围及报送机制，形成覆盖 135 个指标的"黑红黄灯"指标触动机制，加强对全行各类风险指标执行情况的监测，优化风险识别及控制方面的能力。"风险全景图"包含了本行各类主要风险类指标，包括但不限于盈利类、资本管理类、外部评级、信用风险、流动资金风险、利率风险、市场风险、操作风险及科技风险及信息安全指标，并结合本行风险取向、各风险维度的关键风险指标、限额等，选取能反映本行各项风险状况各类指标项目。

集友银行贯彻早识别、早预警、早发现、早处置的原则，强化风险管理的前瞻前置意识，加强潜在风险隐患的甄别和排查工作。面对 2019 年及 2020 年日渐复杂的外部环境，持续加强风险排查和不良处置力度，开展了疫情专项排查工作、授信业务专项检查、能源行业户排查、股票股权质押户排查、存单质押贷款风险排查、信用债风险排查等各项重点业务风险排查；2021 年在政策转向的巨变之下，持续开展上市公司相关业务、投资类业务、房地产融资业务等排查工作。并主动优化各类业务集中度，按集团部署重设抵押品种类的集中度风险限额。

同时抓紧重整风险条线管理架构调整。自 2018 年相继将集友银行总行风险管理部拆分为总行风险评估部、风险管理部，实现中后台风险职能的分离后；2019 年增设总行法律合规部，切实推进风险条线中台和后台的职能分离，加强前中后台的职能制衡，强化了风险条线内部处组的细分和建设、配置齐全各部主管及管理人员。在完善总行层面风险管理架构之后，成立了内地风险管理中心，确保内地风险管理工作集中总控、因地制宜，完善集中化及垂直的风险管理架构。

在质量管理架构完善的同时，风险条线人员储备、人才梯队建设也取得巨大进展。股权交割后总行风险条线人员增加 3 倍，内地风险条线人员增加 4 倍，不仅鼓励奖励专业资格认证，还招聘高学历人才，形成从博士到本科，持有各类专业资格的人才梯队。人才是第一生产力，集友银行在股权交割以后对福州、厦门分行管理层进行更换，业务发展、资产质量、组织文化焕然一新，资产质量大幅提升，目前，厦门、福州均为零不良，管理能力不断提升，人才队伍不断充实。

股权交割后，集友银行紧守合规经营的高压线，以"依法合规"为导向，从考核办法上作出平衡，明确风险合规操守等非财务指标权重，以合规文化作先导，坚持"经营管理标准线、职业道德底线、依法合规高压线"三线理念，各级管理人员切身履行合规管理要求，示范并引导员工树立正确的风险管理观念，以及对合规经营、操作风险、信贷监控、反洗钱等工作树立正确工作态度和工作方式，把风险管理、经营业务发展与合规文化建立有机地结合，从上至下贯彻风险文化培养，结合境内外监管机构检查要求，积极倡导监管政策方向和银行文化导向，定期开展全员合规培训，提升全员的风险及合规意识，使全行上下形成统一的风险管理理念及合规价值标准。

得益于一系列硬核又灵活风控"铠甲"的锻造，集友银行在业务较快发展的同时，发展质量持续向好，不良贷款率持续下降，风险管控成效显著，内地银行不良率更是呈现翻天覆地的变化。

第三节　科技引领　创新发展

股权交割之后，经过逾两年的奋战，2020 年 7 月 11 日，集友中国内地新系统成功上线。集友银行充分依托厦门国际银行集团科技优势，加快业务改革创新发展，其中以集友中国新系统建设项目为实现科技引领的基础。新系统建设是事关集友银行未来发展的战略工程，责任重大，使命光荣。集友中国新系统建设是集友银行史上最为浩大的新一代信息建设工程，系统的顺利上线，全面提升集友银行信息科技实力和科技支撑能力，将为集友银行做大、做优、做强发挥重要作用。

2017 年 12 月始，厦门国际银行总行、集友银行总行及内地分行共同组织成立"集友中国内地系统迁移项目组"，为实现股权交割后集友银行系统营运的独立性，打造集团一体化的科技系统平台，开启了"系统迁移整合"项目的长征，全力投入系统整合工作。

系统迁移之路布满荆棘与坎坷，监管部门高度关注集友银行系统安全和整合外判的规范性和质量。由于集友银行托管中银香港的系统数量庞大、错综复杂，且集友银行经营历史较长，历史数据分类清洗难度巨大；同时，集友银行与厦门国际银行集团业务差异极大，此前行内并无此类项目的先例可循，加上集友银行科技力量薄弱，系统整合的复杂性和艰巨性超出预期。在厦门国际银行集团的大力帮助和支持下，项目组围绕业务核心要点、规划体系、关键环节等展开全流程重新梳理，充分依托集团科技力量和优势，积极协调厦门国际银行集团、中银香港及集友银行三方境内外工作人员，齐心协力开展紧密合作、日复一日躬耕科技、加班加点攻坚克难，以"功成不必在我，功成必定有我"的奉献精神开展工作。

自 2018 年 10 月起，项目组核心组同事全脱产进场开展系统功能测试。2019 年 5 月起，集友银行总行部门调拨同事陆续入驻厦门国际银行，项目推进遇到困难重重，对于毫无项目经验的测试人员而言是巨大挑战，但在集团各部门的支持下，同事各司其职，逐一攻破难题。前后历时两年多的长途跋涉，参与人数逾百人，横跨两地四方（厦门国际银行集团、集友银行、澳门国际银行与中银香港）若干部门，三轮用户验收测试，超过 1.1 万个测试案例……系统整合大军，齐心协力攻坚克难。面对最为棘手的跨境数据新旧线系统定位及字段映像工作，项目组多次开展跨境数据研讨会，共就 159 张跨境数据表，接近 1 万个字段进行了反复的测试、验证、演练，最终完成了所有跨境数据的测试及验证工作。

集友中国系统的成功上线，是在全行上下前后历时 3 年的倾力付出下取得的成果，克服了系统数量庞大、关系错综复杂、自身科技力量极为薄弱、境内外监管差异大等诸多困难。

在厦门国际银行集团的鼎力支持下，集友银行付出了巨大的努力，最终取得集友中国内地系统上线的圆满成功，获得外部监管及同业的认可，迈出了全面提升科技实力、加速科技弯道超车的重要一步，建设出了一套符合集友未来发展和监管要求的科技系统。

2019 年，集友中国内地系统切换上线圆满成功

集友中国新系统支持业务种类更加全面、操作流程更加简便，将为集友银行的客户提供更加安全、便捷、高效的金融服务，为员工提供更高效

的办公系统，是集友银行在科技发展道路上迈出的重要步伐。集友银行将以更新风貌、更高水平、更高质量迎战大数据时代。

行者常至，为者常成。集友中国内地新系统成功上线不是终点，而是新的起点。集友香港系统整合也在加速推进，在集友香港系统整合项目工作组的统筹指挥下，集友系统整合工作取得了极大进展，在新冠疫情冲击以及银行人员极为紧张的情况下，已从全行抽调超过 10% 的员工，零售条线更是有近 50% 员工参与，投入系统整合，面对复杂且极具挑战的整合工作，集友银行员工额外付出了更多劳动、承担了更多更重更难的工作，全力落实各系统的数据迁移方案，重点处理系统整合项目管理、核心系统选型和业务需求分析、外围系统的立项选型、系统架构和技术以及数据迁移项目等工作，奋力推进集友香港项目并按计划完成各项重要里程碑工作。2022 年，在厦门国际银行集团的大力支持下，集友银行已研究确定厦门、香港两个数据中心方案，并启动香港数据中心及生产网络的建设。

第四节　商行+投行　跨境+跨界

把镜头转回集友银行成立的年代，从福建永安、到厦门，再到香港，初期阶段的关键词就是"艰难"。几次面临难以为继的时刻，在"嘉庚精神"鼓舞和社会各界帮扶下，才坚持下来。

在加入中银的年代，集友银行的关键词是"稳健而快速"，扎实了根基，形成了风格，不仅可以自我造血，还能有所作为。

进入厦门国际银行的时代，集友银行的关键词变成"跨越、突破与革新"，新的管理层注入新理念、新眼界、新决心。2017—2022 年，5 年的时间，集友银行紧扣银行中期发展规划、第一个五年规划，从上到下"敢想、敢做；用心、用脑"，开启"跨境＋跨界""商行＋投行"战略的黄金之门。

有些规划，确实充满挑战，比如发展"商行＋投行"业务。集友银行在投行方面完全是"一张白纸"。在2017年着手准备股权交割的过程中，集友银行决定于2017年2月正式开展向香港证监会申请香港第6类牌照（就机构融资提供意见）、第9类牌照（提供资产管理）。

至此，一场项目"攻坚战"打响，没有任何犹豫，项目组从初期开始先进行各类监管材料的准备，需要完成成立6、9号牌公司，物色合适的金融机构持牌负责人人选，完成内部审批流程，获得香港金管局认可，聘请专业顾问，完成繁多的申请文件。此外，项目组要同时完成集友银行股权交割的收官阶段工作，项目组成员夙兴夜寐、不懈努力，牵头积极解决监管、内部审批所遇到的问题。

2017年3月13日，集友银行设立"集友国际资本有限公司"和"集友资产管理有限公司"两家全资附属公司，并聘任专业顾问协助向香港证监会申请第6类牌照、第9类牌照，同年3月24日正式向香港证监会提交这两个牌照的申请。

经过与监管机构之间的多轮意见往来，香港证监会最终于2018年4月获得中国银保监会的正面回复，集友银行附属公司"集友国际资本有限公司"和"集友资产管理有限公司"于2018年8月17日正式成立。

崭新的集友银行像一棵渴望不断生长的大树，尽力地延伸枝蔓，打破固有的传统模式，发展多元化的经营模式。

集友银行深圳分行正式成立之后，集友银行也一直在思考申请私募股权的牌照。集友银行股权基金管理人备案过程也是颇为坎坷，在经历了一次备案暂停后，重新备案的压力倍增。2021年伊始，证监会加强私募管理人监管，新发牌照极其谨慎。

针对一系列的棘手问题，集友银行股权团队迅速行动，成立备案攻坚小组，制定时间表，每日督进和汇报进度，做精做细每项备案材料。并于2021年3月相继完成公司工商变更、新增合资格高管、拜访律所、金融局、私募基金协会，多方奔走沟通备案事宜。

集友银行股权基金管理人备案工作量大且烦琐，集友银行股权团队历时256个日夜，准备了几十万字的文字材料。备案材料提交前夕，时间紧任务重，团队成员直接驻守在律所陪同律师一起加班，只为确保时限内系统提交材料无误。其间，有团队成员打趣道："没有见过凌晨四点的洛杉矶，但是见过凌晨一点的律所。"律师也开玩笑说，集友团队是第一个上律所驻点加班的甲方。苦心人，天不负，团队按时提交了材料。

2021年4月19日，集友银行顺利通过股权基金管理人备案，成为近年来唯一获批的银行系QFLP（合格境外有限合伙人）公司，标志着集友股权投资业务正式拉开大幕，打开了集友银行"跨境＋跨界"战略构想的新大门！

积极进取，迎难而上拿下QFLP资质后，很快就看到了这一决策的前瞻性。

仅仅在不到三周后，2021年5月8日，集友银行行政总裁郑威受邀参加苏州国际股权投资高峰论坛。这场论坛吸引了近200家知名股权投资基金管理机构和众多基金参加，合计完成了26只基金、总金额超600亿元人民币的合作签约。

集友QFLP基金也有斩获，成为苏州自贸区大力引进的优质股权基金，与苏州自贸片区合作签约仪式的顺利完成，正式吹响了集友银行进军苏州嘹亮的第一声号角。2021年8月31日，集友方程基金完成项目投资，标志着集友 QFLP 公司成功落地集友银行首只私募股权投资基金。

2022 年 5 月，集友 QFLP 公司仅用时 4 个月，成立首年内即圆满完成首只基金发行，创下深圳银行系 QFLP 公司最快展业纪录；集友 QFLP 公司在展业一周年之际，成功发行第三只基金，管理规模突破 10 亿元人民币。

同时，集友银行股权团队又把目标瞄准更难的合格境内投资企业（QDIE）资质。

但这次难度之大已不是"攻坚战"能够形容，甚至很多员工都觉得这是一场"不可能赢的战斗"。无论是集友股权股东管理的基金规模还是集友股权本身的资本规模，以及成立时间等，都与深圳 QDIE 要求的准入门槛有巨大差距。纵使牌照申请机会渺茫，团队秉承永不言弃的奋斗精神，多次沟通多方监管机构，其间也是屡次碰壁。

然而，QDIE 资质蕴含着巨大展业机会，集友股权团队为了前瞻布局主动作为。集友银行深圳分行金融市场部总经理张晶带领团队锲而不舍地拜访深圳市外管局相关领导，全面而专业地进行了一次深度汇报，终于获得了外管局的认同，并于 2021 年 9 月 9 日正式提交申请材料。团队同步沟通市金融局与前海金融局，并促成多方会议的召开。

最终于 2021 年 11 月 8 日成功获批 QDIE 资质，成为深圳市 QDIE 新政策推出以来首家获批的港资银行系股权公司。

集友 QFLP 公司自此正式实现跨境资金双向流动循环，"引进来"与"走出去"相结合，可提供更为全面循环的跨境跨界金融服务。集友银行也就此成为整个集团首个双 Q 公司。真正落地了"跨境＋跨界""商行＋投行"的战略部署。

至此，集友银行在股权交割 5 年后，精神面貌焕然一新，敢打敢拼，敢想敢做，同时也保持着 80 年历经风雨积淀下来的沉着和冷静。

集友银行手中捏了一把好牌：拿下金融全牌照优势；长期积累的商业银行客户基础和有效的风险管理能力；依托集团化总风险控管，对跨界风险分离，兼具内地和香港双重地缘优势。

当年扎根"小福建"悉心办侨汇的小银行，已成长为一艘综合经营的金融旗舰——覆盖表内外和境内外，投行与商行深度融合，整合全行内部综合经营资源，有能力为客户提供从债权融资、股权投资到衍生交易的全面金融服务。

股权交割 6 年来，集友银行于变局中开新局，通过经营智慧和驾驭风险，在短时间内发生了改天换地的巨大变化，在弥补历史"欠账"的同时，保持"持续、稳定、向好发展"态势，逐渐走出了一条质量更好、效益更佳、结构更优、释放优势的高质量发展道路。

第四篇

文化传薪火

文化是一个国家、一个民族的灵魂。文化兴国运兴，文化强民族强。文化自信是一个国家、一个民族发展中最基本、最深沉、最持久的力量。没有高度的文化自信，没有文化的繁荣兴盛，就没有中华民族的伟大复兴。

文化是一只看不见的巨手，以强大的力量助推着历史的进程。小到个人和企业，大到国家和民族，都须臾离不开文化的力量支撑。集友银行的发展进步，时时处处都彰显着文化的力量！

优秀的企业文化，铸就了集友银行软实力的灵魂。集友银行弘扬"嘉庚精神"，以"传承、创新、发展，成为海上丝绸之路的精品银行"为战略定位，秉承"为客户提供优质服务、为股东创造优良价值、为员工争取良好回报、为社会承担更多责任"的使命，树立"恪守诚信、以人为本、创新发展、服务社会"的核心价值观。

文化如水，润物无声。在"嘉庚精神"引领下，集友银行的企业文化始终与企业相生相长，努力实现创造性转化和创新性发展。

第一章　忠公诚毅　培根铸魂

陈嘉庚一生爱国爱乡，倾资兴学，服务社会，造福人类。他光辉的一生孕育了伟大的"嘉庚精神"。"嘉庚精神"主要体现为忠、公、诚毅、勤俭、创新等方面，即"天下兴亡、匹夫有责"的爱国精神，重义轻利、公而忘私的奉献精神，诚实守信、疾恶好善的重德精神，刚健果毅、坚韧不拔的自强精神，艰苦朴素、勤勉节俭的清廉精神和与时俱进、革故鼎新的创新精神。爱国主义是贯穿陈嘉庚一生的主线，也是"嘉庚精神"的核心。在全体中华儿女勠力同心、奋力实现中华民族伟大复兴中国梦的新时代，集友银行传承弘扬以爱国主义为核心的"嘉庚精神"，为企业文化培根铸魂。

第一节　"嘉庚精神"　底色鲜明

爱国主义是我们民族精神的核心，是中华民族团结奋斗、自强不息的精神纽带。中华民族素有爱国传统，有"乐以天下，忧以天下"的忧国情怀，有"公而忘私、国而忘家"的爱国风范，有"苟利社稷，死生以之"的报国气概。陈嘉庚生于国难，长于国难，目睹近代中国内忧外患、国弱民穷的现实，萌生了强烈的忧患意识和高度的社会责任感。他秉承"天下兴亡，匹夫有责"的古训，发扬"先天下之忧而忧，后天下之乐而乐"的传统，始终把个人命运和祖国命运紧密相连，努力践行自己立下的"报效祖国、服务社会"的人生诺言。他致力于实业报国、教育兴国、抗战救国和建设新中国等诸多爱国行动，把毕生的精力都奉献给了祖国的独立、统一和富强事业。爱国主义成为"嘉庚精神"最鲜明的底色。

根据学者考证，早在1931年，厦门大学校长林文庆在《厦大十周年纪念的意义》文章中提出了"嘉庚先生的精神"，称之为"我国圣贤所传给我们的天下为公的精神，是一种利他而肯牺牲的精神"。1940年，因抗战内迁长汀的厦门大学校长萨本栋在欢迎陈嘉庚视察时提出"陈嘉庚的人格精神"，归纳为"爱国热情，公而忘私，国而忘家；负责，谦让，不辞劳瘁；富贵不淫，贫贱不移，威武不屈"。同年，厦门大学何励生在《嘉庚精神》一文中将"嘉庚精神"归纳为"牺牲精神""信义精神""勤俭精神""求是精神""奋斗精神"和"报国精神"六个方面，指出"嘉庚精神"就是我们的精神。此后，关于"嘉庚精神"的内涵，学界均有不同的论述和归纳，见仁见智。其中有两种归纳较具代表性：一是将其归纳为"忠——嘉庚精神的本质特征，公——嘉庚精神的主要内容，诚——嘉庚精神的精髓，毅——嘉庚精神的保障体系，闯——嘉庚精神的时代特点"；一是将其概括为"忠公、诚毅、勤俭、创新"。

2014年10月陈嘉庚诞辰140周年之际，习近平总书记在给厦门市集美校友总会回信中高度评价陈嘉庚和"嘉庚精神"，将"嘉庚精神"精辟地阐释为"艰苦创业、自强不息的精神，以国家为重、以民族为重的品格，关心祖国建设、倾心教育事业的诚心"，并将其上升到国家层面，成为中华民族精神和时代精神的重要内容。

陈嘉庚继承发扬艰苦创业、自强不息的民族精神并赋予新的内涵。他在开拓实业和倾资兴学的长期过程中坚贞不渝、百折不挠，奋发进取；他为救国富民驰骋海内外，不畏艰险，置生死于度外，站在斗争前列，历尽风险艰辛。

陈嘉庚的创业之路历经无数坎坷和惊涛骇浪。最初，他以 7000 元起步，因陋就简，精打细算，苦心经营黄梨罐头业和米店，试种橡胶，开拓米业。自 1904 年独立经营至 1910 年年底，共获利 73 万余元。他主动偿还父债，赢得了诚信的信誉。

陈嘉庚凭借个人的远见卓识和超人胆略，以诚信为本，艰苦创业，奋力开拓，经过 20 多年的艰苦奋斗，终于建立起一个遍布世界的企业王国。陈嘉庚公司以经营橡胶业为主，兼营食品、肥皂、制药、火锯等行业。至 1925 年，陈嘉庚公司拥有橡胶园 15000 英亩，生胶、熟胶、黄梨罐头等 30 余家工厂，分行和代理处遍布五大洲的 40 个国家和地区，公司员工 3

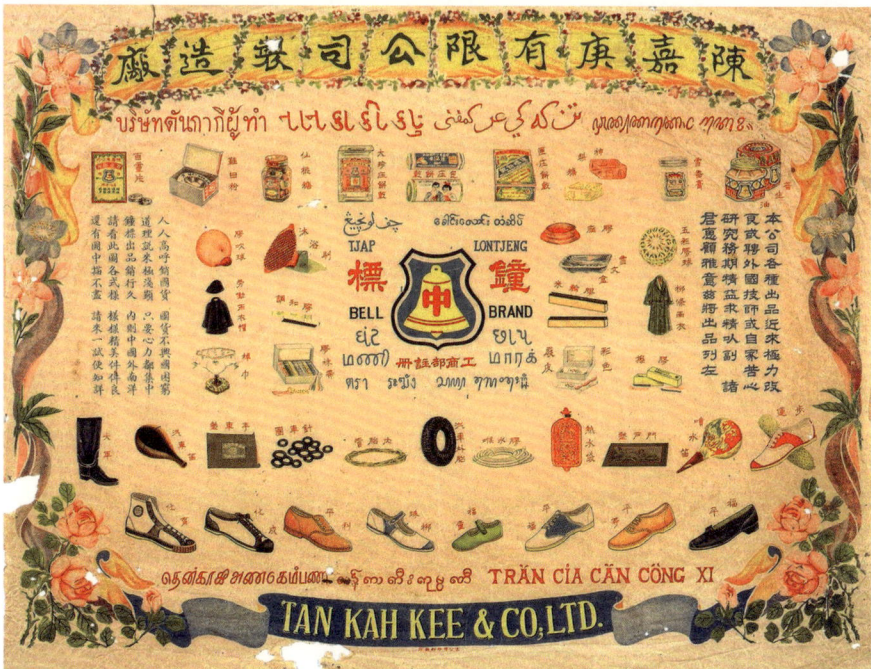

陈嘉庚有限公司制造厂广告

万余人，总资产达叻币 1200 万元，是当时新加坡最大的企业之一。至此，陈嘉庚不仅在新加坡，而且在整个东南亚地区都算得上一位实力雄厚的大实业家了。

1926 年春起，橡胶价格连连暴跌，致使陈嘉庚公司陷入困境。一波未平，一波又起。1929 年世界性经济不景气，陈嘉庚公司遭受空前打击，营业一蹶不振。有人劝陈嘉庚停止校费，以维持营业，陈嘉庚不忍放弃，仍毅力支撑。直到 1934 年，陈嘉庚有限公司因企业发展无望，宣布自动收盘。实业经营虽结束，陈嘉庚的社会威望和影响力却不减反增。此后，在广大南洋华侨的拥护支持下，陈嘉庚投身救亡斗争、推动华侨团结、争取民族解放的伟大事业中，成为侨界的一代领袖和楷模。

陈嘉庚以国家为重，以民族为重。他常说"要为国家民族奋斗""凡事只要以国家利益、人民利益为依归，个人成败应在所不计"。陈嘉庚一生公而忘私、忧国忧民、刚正不阿、忠于祖国和中华民族，是中国近现代史上杰出的爱国主义者。爱国主义是贯穿陈嘉庚人生的主旋律，并且随着时代的发展而发展。

陈嘉庚早年加入同盟会，支持孙中山领导的辛亥革命，成为一个真诚信奉"三民主义"的爱国者。民国建立后，陈嘉庚把爱国之情化为报国之行，他开拓实业、倾资兴学、支援抗日、反对内战，始终把国家和民族的利益放在第一位，并为之不懈奋斗。1937 年全面抗战爆发后，陈嘉庚在中华民族面临生死存亡的关头，毅然担起领导海外华侨抗日救国的重任。他担任"南侨总会"主席，领导南洋 800 万名华侨，募集巨款，捐献物资，征募机工，以巨大的财力、物力及人力支援祖国抗战，为祖国抗战和世界反法西斯战争作出了巨大的贡献。其间，他揭露汪精卫投降卖国的无耻行径，呼吁国共两党团结抗战。1940 年，陈嘉庚率领慰劳团回国考察，他先后访问了重庆和延安。两地的鲜明对比，帮助他分清了是非，辨明了真伪，从此把救国救民的希望寄托在中国共产党身上。这是他人生中一次重大的政治抉择。这种政治抉择再次体现了他以国家和民族的利益为准绳，追求真理、明辨是非的优秀品质。

新中国成立后，陈嘉庚拥护社会主义制度，他的爱国主义思想增添了新的时代内涵，发展到了一个新的高度。标志性事件是陈嘉庚落叶归根，毅然回国定居，积极参与新中国的革命和建设。回国定居以后，陈嘉庚拥护中国共产党的领导，关心国家大事，积极参政议政，支持新中国的内外政策。他不辞辛苦，为集美和厦大两校的修复和扩建殚竭心力；他老骥伏枥，为家乡和新中国的建设出谋献策；他心系祖国统一，并号召海外华侨为祖国统一大业贡献一切力量。直到临终，他仍念念不忘"台湾必须归中国"，体现了他"报效祖国、尽瘁一生"的崇高精神。陈嘉庚晚年把热爱祖国、热爱共产党和热爱社会主义统一起来，形成了富有时代特色的伟大的爱国主义精神。

陈嘉庚关心祖国建设，倾心教育事业。他为办学支出的经费，以1980年国际汇率计算，相当于1亿多美元。他创办及资助的学校多达118所。陈嘉庚创办和资助的学校，培养了数以10万计的各种人才。据统计，仅1913—1949年集美学校的毕业生就达8094人，这些学生来自全国12个省以及东南亚各地，而厦门大学素以培养高质量人才闻名。陈嘉庚办学，在国内教育界影响很大。与他差不多同时期的教育界著名人物蔡元培、黄炎培、陶行知等都交口称颂陈嘉庚的办学精神，并向国内广泛介绍陈嘉庚的办学业绩。黄炎培说："发了财的人，而肯全拿出来的，只有陈先生。"身为华侨而捐巨资在国内兴学，不为名、不为利，这种精神是一种强大的力量，促进了全国教育事业的发展。华侨回乡捐资办学，陈嘉庚不是第一人。但大规模办学，倾资办学，他是第一人。在他的精神和事迹的感召下，许多华侨纷纷回乡办学。他的女婿李光前和曾就读于集美学校的陈六使，成为陈嘉庚事业的忠实襄助者。集美学校校友李尚大、李陆大昆仲在安溪创办慈山学园。陈嘉庚之前，华侨在侨居地办学是零星的，且仅限于小学或私塾。在陈嘉庚的倡导和影响下，东南亚各地侨办学校如雨后春笋般发展起来，而且办学层次不断提升，涵盖了小学、中学、中专乃至大学。陈嘉庚生前为厦门大学和集美学校投入巨资所建设的数十万平方米的校舍和较为完善的附属设施，为厦门大学和集美各学校的大规模、高质量发展奠定了坚实的基础。而先进科学的校园规划和"陈嘉庚建筑风格"的楼群为世人留下了珍贵的文化遗产。陈嘉庚长期办学形成的优良校风和良好的育人环境，则使一代又一代莘莘学子受益无穷。陈嘉庚铸就了一座倾资兴学的历史丰碑。

新中国的建设牵动着陈嘉庚的心。他参政议政，建言献策，关心祖国特别是家乡福建的发展。他赴祖国各地考察，在全国政协一届一次会议上，陈嘉庚提出七项富有建设性的提案，均被大会接受并交中央人民政府处理。

福建省山多田少，崎岖险峻，交通不便。1952 年 5 月，陈嘉庚致函毛泽东，恳切陈述建设福建铁路的重要性和必要性。鹰厦铁路连通厦门海堤于 1956 年 12 月建成通车，有力地促进了福建沿海和内地经济建设的发展。陈嘉庚对福州自来水问题十分关注，经过实地调查，他提出在福州建设自来水工程设施案。此案很快被福建省政府采纳实施，一举解决了福州市民长期饮水难及消防用水的大问题。1956 年 3 月，陈嘉庚撰写《厦门之未来》一文，分析厦门港的优越条件，论证厦门港的前途，必能后来居上。1958 年，陈嘉庚身患重病，但仍坚持参政议政，为集美、厦大办学和华侨博物院建院事宜日夜操劳，费尽心力。

陈嘉庚作为集友银行的创办人，集友银行的企业文化自然深受陈嘉庚企业文化潜移默化的影响。以行徽为例，集友银行的行徽为圆形，中心是一个"钟"的图案，内有隶书字体的"集友"两字，钟的图案外一圈为集有银行的英文名称。集友银行 70 周年出版的纪念刊对行徽和"钟标"的历史渊源作了解读，"1919 年 5 月，陈嘉庚将他经营的各个机构合并改组成立'陈嘉庚公司'，并正式注册使用'钟标'牌产品商标。'钟标'牌商标是一个钟的形状，图案中间位置是'中'字，反映出陈嘉庚虽然身在异国，但始终不忘身为中国人，时刻为中国人争光的爱国热情。集友银行的行徽同出于此理念，寓意陈嘉庚坚信'国家之富强在实业'，告诫自己警钟长鸣，不能忘记企业艰难创办的历史；忧国忧民，时刻不忘尽自己的'国民天职'，实行'以行养校'，延续集美各校和当地教育事业的发展"。可见行徽和陈嘉庚公司的"钟标"牌产品商标的理念是一脉相承的。从目前的资料看，在 1963 年香港集友银行的信件上已可见到银行标志图案，应是公司形象的一种强调。

香港集友银行行徽及行名

按照现代公司治理框架，公司章程是公司设立和运营的最重要文件之一。陈嘉庚公司原来就有章程，但他认为不够完备，就在 1929 年重新修订了《陈嘉庚公司分行章程》（以下简称《章程》）。《章程》整体上体现了陈嘉庚的企业管理思想，内容包括序言、总则、职权、服务细则、营业、货物、账务、报告、薪金及红利、视察员服务规责、推销员服务规则、广告、保险、罚责、附则15章，共350条。这些内容明确规定了公司各分行的管理架构、职权责任、经营方针、财务制度、薪酬管理、营销推广、服务态度及商业道德等，要求所有员工严格遵守与切实履行。陈嘉庚在亲自撰写的序言中，扼要地阐明陈嘉庚公司的宗旨："本公司及制造厂，虽名曰陈嘉庚公司，而占股最多则为厦门大学和集美学校两校，约其数量有十分之八。……两校命运之亨屯，系于本公司营业之隆替。……则厦集二校之发达，本公司营业之胜利，其责尤全系同事诸君。诸君苟奋勉所事，精勤厥职，直接兴教育实业，间接福吾群吾国矣。""章程之设订，在训练办事人员，使其共同遵守，则思想集中，步趋一致，实收指臂相使之效，宏建事业发展之功。"

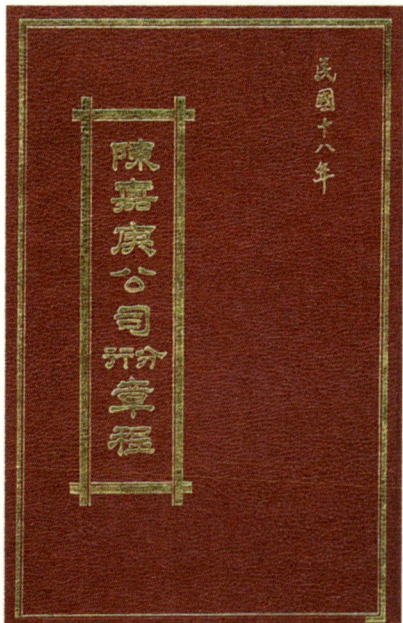

《陈嘉庚公司分行章程》

《章程》与众不同之处还在于，在《章程》的各页眉头印有陈嘉庚拟定的警语80条。这些警语通俗易懂、富含哲理，既是陈嘉庚文明经商的经验总结，也生动体现了陈嘉庚公司的企业宗旨、价值观和企业文化。警语归纳起来，涵盖爱国、敬业、诚信、友善、守法、勤俭等方面的内容。讲爱国的有"战士以干戈卫国，商人以国货救国""能自爱方能爱人，能爱家方能爱国""惟有真骨性方能爱国，惟有真事业方能救国"等；讲敬业的有"尊重本公司之职守，即为图谋社会之公益""受人委托即当替人尽力，受本公司委托即当替本公司尽职""不能尽职于公司，又何能尽职于自己""公司遥远，耳目难及，不负委托，惟在尽职""为官守印，为贩守秤，为店员守柜面""无事要找事做，不要等事做，有事要赶紧做，不要慢慢做""无事找事做，其人必可爱；有事推人做，其人必自害"等；讲诚信的有"待人勿欺诈，欺诈必败""对客勿怠慢，怠慢必招尤""以术愚人，利在一时，及被揭破，害归自己""顾客遗物，还之惟谨，非义勿取，人格可敬""货品损坏，买后退还，如系原有，换之勿缓""谦恭和气，客必争趋，恶词厉色，人视畏途""货物不合，听人换取，我无损失，人必欢喜""货真价实，免费口舌，货假价贱，招人不悦"等；讲友善的有"与同业竞争，要用优美之精神与诚恳之态度""隐语讥人，有伤口德，于人无损，于我何益""招待乡人要诚实，招待妇女要温和"等；讲守法的有"公司之规章，同于国家之法律""法律济道德之穷，规章作办事之镜""好国民守法律，好店员守规章""法规为公共而设，非为一人而设""人类有服从法规之精神，即有创造事业之能力"等；讲勤俭的有"智识生于勤劳，昏愚出于懒惰""懒惰是立身之贼，勤奋是建业之基""甘由苦中得来，逸由劳中得来""金玉非宝，节俭是宝""有钱须思无钱日，莫待无时思悔迟""待人要敬，自奉要约""财有限而用无穷，当量入以为出""当省而不省，必致当用而不用"等，将为人处世的大道理深入浅出地道出，言简意赅而发人深省。《陈嘉庚公司分行章程》及其眉头警语早已成为构建集友银行企业文化的一个法宝。

第二节　民族瑰宝　时代呼唤

2020 年 7 月 21 日下午，习近平总书记主持召开企业家座谈会并发表重要讲话时指出："企业家要带领企业战胜当前的困难，走向更辉煌的未来，就要在爱国、创新、诚信、社会责任和国际视野等方面不断提升自己，努力成为新时代构建新发展格局、建设现代化经济体系、推动高质量发展的生力军。"习近平总书记指出："爱国是近代以来我国优秀企业家的光荣传统。从清末民初的张謇，到抗战时期的卢作孚、陈嘉庚，再到新中国成立后的荣毅仁、王光英，等等，都是爱国企业家的典范"，高度评价和肯定陈嘉庚等优秀企业家的爱国情怀。

伟大时代呼唤伟大精神。陈嘉庚是爱国企业家的典范，在爱国、创新、诚信、社会责任和国际视野等方面堪称表率。陈嘉庚不仅创造了巨大的物质财富，还留下了宝贵的精神财富，为民族瑰宝增光添彩。

爱国主义是民族精神的核心。陈嘉庚以倾资兴办教育的方式体现自己的爱国情感，一生公而忘私、忧国忧民、刚正不阿，把忠于祖国、拥护中国共产党、热爱社会主义统一起来，造就了他伟大的爱国主义精神，这也正是"嘉庚精神"的核心和灵魂。他公字当头，凡事以国家民族利益为先，把一切都献给国家，国而忘家、公而忘私，正如郭沫若所说："陈嘉庚为什么这样伟大呢？因为他做的事不是为他自己，是为老百姓。"他临终前还念念不忘台湾必须统一、集美学校继续办学、嘱咐遗产全部归公，充分显现了陈嘉庚爱国主义精神的至高境界。

创新是时代精神的核心，是一个国家兴旺发达的不竭源泉，也是中华民族最鲜明的民族禀赋。社会发展历史证明，人类进步的历史，也是一部创新的历史。人类的一切文明成果，都是创新思想的成果，都是创新智慧的结晶。陈嘉庚自小接受中华传统文化的教育，成年后又受到西方文明的影响，加上他善于学习，勤于实践，逐步形成了与时俱进的创新精神。创新精神无疑是陈嘉庚成就各项事业的源泉和动力。陈嘉庚企业经营上的诸多创新，在当时都是独占鳌头，开风气之先的，发挥了巨大的引领示范作用。在教育方面，陈嘉庚重视职业教育、华侨教育、社会教育和女子教育；"教育为立国之本，兴学乃国民天职"，"三育"并重、以德为先，而德育应以爱国教育为首要的主张；理论联系实际，强调教学实习和社会实践，培养学生动手能力和实用技能；创办集友银行，"以行养校"的做法，在当时都是十分先进的。陈嘉庚认为"工业需要革命，文化需要革命，还有更重要的一项，就是心理革命和人格革命"。在改造社会方面，他崇尚科学，反对愚昧，提倡移风易俗，反对封建陋习，提出了一系列社会改革主张，为推动社会文明进步作出了重要贡献。

　　诚信是中华民族传统道德中的基本伦理规范。"诚"既是道德规范，也是道德修养的态度和方法，其本义是"勿自欺，勿欺人"，基本要求是真实。"信"是"五常"之一，是诚实不欺、遵守诺言的品德。陈嘉庚不但对诚信倡导践行，而且对"道德毅力"亲之信之。他说过"我自己所能者仅为诚、信、公、忠四个字……""但知为人有道德毅力，便是世间上第一难得之奇才，亲之信之；反是，则离之绝之"。陈嘉庚讲老实话、干老实事、做老实人，一生诚实守信，说到做到，言必信、行必果，是诚信的榜样。

　　人无精神不立，国无精神不强。陈嘉庚崇尚我国传统文化中"穷则独善其身、达则兼济天下"和"为天地立心，为生民立命，为往圣继绝学，为万世开太平"的理念。陈嘉庚的企业社会责任思想不仅是他本人自觉主动和由内而生的价值追求，更是海外侨商为民族生存发展奋力拼搏的缩影。其思想可以概括为将海外华侨爱国爱乡、奋斗自强的高尚情怀与自我实现的人生理想紧密结合，并将之贯穿企业经营活动的始终，通过不断地参与社会公益实践，实现企业经济目标与社会责任目标的统一。陈嘉庚以重义轻利的义利观、倾心教育的事业观、善用财富的金钱观和坚守责任的价值观为其企业社会责任思想作了最好的诠释和践行。

有多大的视野，就有多大的胸怀。陈嘉庚凭借其国际视野，胸怀祖国，放眼世界，通过经营实业，兴办教育，投身政治社会活动，毕生追求着教育救国、振兴中华的梦想。陈嘉庚的企业发展战略，大多基于对世界经济的研判。经营航运获厚利后，陈嘉庚转而主攻橡胶业，"橡皮熟品制造厂之创办，我亦为一种理想之提倡。二十世纪称为橡皮之时代。欧美之盛，固不待言，岛国日本已设厂至数百家，独我国则尚未萌芽"，终执南洋橡胶业之牛耳，成为实力雄厚的跨国公司。相比欧美各国，祖国教育落后的状况，坚定了陈嘉庚"教育为立国之本，兴学乃国民天职"的信念。与经营实业相同，陈嘉庚兴办教育也饱含外争国权、内利民生之深意。他不但在国内创办了集美学校、厦门大学和众多学校，还在侨居地办学。在国内办学，他既着眼于培养祖国所需要的各类各层次人才，又鼓励毕业生走向世界，或就业或创业或留学，并招收各国华侨华人子弟或外籍人士入学；在侨居地办学，他既着眼于培养华侨华人子弟的中华民族感情和热爱祖（籍）国的信念，又着力培养侨居地发展经济、文化教育事业所需要的人才。陈嘉庚既有强烈的爱国主义精神，又有崇高的国际主义精神。他不仅热爱祖国和人民，爱侨护侨，也深爱侨居地和当地人民，并关心、同情、支持世界的正义和进步事业。

第三节　爱国爱港　休戚与共

集友人始终牢记创办人陈嘉庚心系桑梓的赤子情怀和"生于福建，长于香港"的历史渊源。陈嘉庚的爱国主义精神鼓舞和激励着一代又一代的集友人爱国爱港，与祖国休戚与共。

集友银行在福建永安创办之始就确立了华侨资金与祖国建设事业联系合作之关系。扎根香港以来，始终秉承"立基香港、联系华侨、服务社会"的经营理念，用心服务经济社会建设。

几十年来，集友银行与祖国同心、同向、同行，与香港共命运、齐发展、共繁荣，赢得了香港各界的广泛支持和由衷信赖，成为香港金融界的一支重要力量。几十年来，在每次香港金融市场经历的大风浪中，集友银行不畏波澜，为维持香港经济金融繁荣稳定作出了力所能及的贡献。

1998 年，金融风暴突袭香港，来势汹汹的投机者如同洪水一般冲击着香港的金融市场。中央政府便宣布将不惜一切代价维护香港的繁荣稳定。有了坚强的后盾，香港特区政府发起了一场金融保卫战。这一事件的亲历者、时任中银国际证券总经理的冯志坚将香港特区政府这场没有硝烟的战争称为"金融抗洪"。实力雄厚的中银集团被委以重任，战斗在"抗洪"第一线，发挥了重要的作用。集友银行作为中银集团的成员，始终与母公司站在一起，以国家利益为重，坚定维护香港的繁荣稳定。

2017 年，集友银行加入厦门国际银行集团大家庭后，进行品牌文化再塑，通过举办或参与各类社会活动，提升美誉度，努力让品牌形象持续焕发光彩，推动"嘉庚精神"的薪火相传、发扬光大，践行初心和使命，凝聚社会正能量，展示在新时代集友银行服务改革开放、积极融入国家发展建设的决心和信心。

2019 年，集友银行主动作为，积极在大公报、文汇报等主流媒体上发声，坚定支持全国人大制定和实施的《中华人民共和国香港特别行政区维护国家安全法》；全力宣传、组织各方力量助选，支持爱国爱港议员；积极参与香港福建社团联会、香港侨界社团联会等组织活动。2019 年 10 月，集友银行主导承办"重走嘉庚路·致敬新时代"主题系列活动香港站之"陈嘉庚基金联谊会成立大会""华侨旗帜·民族光辉——传承嘉庚精神及华侨华人参加祖国建设成果展"等活动。活动旨在呈现一代侨领陈嘉庚爱国爱乡、实业报国、投身教育的生平事迹，展现广大华侨华人秉承"嘉庚精神"，在改革开放及新时代发展中所作出的重要贡献，歌颂广大华侨华人敢为人先的拼搏精神、与祖（籍）国荣辱相随的家国情怀。

2019 年，"重走嘉庚路·致敬新时代"主题系列活动开幕仪式（左一为时任厦门国际银行总裁章德春）

2019 年，中国侨联主席万立骏（前排右二）、时任香港中联办副主任谭铁牛（前排右一）等参观"重走嘉庚路·致敬新时代"展览

　　2020 年新冠疫情发生之初，集友银行在厦门国际银行集团的统筹下，第一时间联系海外华侨华人，从全球采购防疫物资辗转千里转运到香港及内地支持前线医护抗疫。其间，集友银行向香港医管局、香港红十字会、香港本地医疗机构以及湖北省、福建省等境内外 27 家新冠救治医院捐赠数批次近千万的医疗物资和防疫物品。一箱箱口罩、一车车医护物资，这些款款善心和深深大爱凝聚成爱国爱港、同心抗疫的坚实力量，正是"嘉庚精神"在新时代的具体体现。

　　2021 年，集友银行积极参与由中国侨联举办的"追梦中华·百年赤子心"全球华侨华人短视频征集活动，最终集友银行制作的短片《集友之光》在全球范围内的众多参赛作品中脱颖而出，荣获最佳剧本奖。

2022 年 8 月，为响应习近平主席在庆祝香港回归 25 周年大会上关于
"青年兴，则香港兴；青年发展，则香港发展；青年有未来，则香港有未
来"的重要讲话精神，集友银行联合集友陈嘉庚教育基金连续两届举办国
际中学生陈嘉庚常识比赛，并于 2022 年与厦门市陈嘉庚纪念馆推出"华
侨旗帜 民族光辉——陈嘉庚生平事迹展"进入校园展览计划，并在"第二
届国际中学生陈嘉庚常识比赛"颁奖典礼上举行进校园启动仪式，让更多
香港青少年领略"嘉庚精神"，为培育香港青少年爱国爱港情怀出力，引
领香港青少年融入国家发展大局。

2022 年，集友银行组织员工参观"鉴往知今——庆祝香港回归 25 周年大型主题展"

第二章　以人为本　凝心聚力

员工是银行的宝贵资产，集友银行创建至今经历了不同时代的转变，员工发挥着重要的作用。"以人为本"突出银行发展的本质，强调必须开发运用好人力资源，培养和造就一支品德好、素质高、能力强、守纪律、敬业精神佳的优秀员工团队，同时不断完善激励机制，实现员工社会价值与个人价值的统一。集友银行非常重视员工的才能发展和业余活动，为员工提供良好的工作环境及职业发展机会，增强员工的归属感及凝聚力。

第一节　尊重人才　匠心培育

集友银行注重人才培养，努力为员工营造积极向上、团结协作的工作环境，提供良好的职业发展机会，激发他们的事业心和进取心。集友银行重视团队建设，推出不同类型关于构建团队、带领团队的培训课程，促进银行与员工、员工与员工之间的联系和互动，同时鼓励员工进行跨单位沟通及轮训，拓展员工视野，培养大局观，互相支持协作，共同完成任务和目标。

1969 年入职集友银行的林经纬回忆："记得当时没有电脑，还处在算盘的时代，要用手记账，什么都要由头学起，幸得前辈们的乐意教导，令我受益良多。前辈们甚至语重心长地向我们训示：你们要好好努力、好好成长，集友银行以后就靠你们的了！"陈德丰和陈瑞显父子两代人都效力于集友银行，陈瑞显 1981 年入职，他回忆道："最令我感受深刻的，就是集友银行上下一心的团结精神，记得入行初期，对银行的业务运作不太熟悉，还要一入职就担任外汇买卖工作，涉及的交易金额庞大，几乎是数百万元，所以每天上班的心情是战战兢兢，……幸好当时有很多前辈'教路'，用心的栽培我，由外汇买卖工作以至外汇交易中的专用术语，前辈们都毫无保留地去教导我。"这些是曾效力集友的员工对银行真实情感的流露。

1988 年，集友银行员工新年联欢宴会

1994 年，集友银行组织员工在香港大屿山旅行

2000 年，集友银行老员工联欢会

2015 年，集友银行厦门分行、福州分行团建活动

2017 年，集友银行组织退休员工进行春茗活动

2019 年，集友银行举办"我能我行 敢梦敢拼"2018 年度表彰晚会

集友银行鼓励公开透明的内部沟通，设立了"总裁信箱"并定期举办不同层面的员工沟通会，鼓励员工建言献策，共谋发展。集友银行秉持重视绩效、发挥员工专长的经营理念，定期举办不同层面的业务和工作会议，通报和分析银行经营情况，并邀请先进员工分享成功经验，组织业务评比竞赛及年度员工荣誉奖励活动等，推动营销文化、提高营销士气。1992 年举办"集友业务问答比赛"；1993 年举办"员工基本功操作比赛"；1997 年举办"集友'金禧杯'员工服务基本功比赛""良好服务颁奖礼"；1998 年举办"良好服务零售业务竞赛颁奖礼"；2007 年举办"'飞越六十载'业绩表彰会"；2012 年举办"点钞比赛"；2013 年举办"'凝聚力量·跨步向前'表彰会"；2015 年举办"'齐心奋进创佳绩'联动会"；2016 年举办"'创新思、建未来'联动会"等。

股权交割后，集友银行业务增长较快、组织架构不断调整、系统升级和整合、营运外判回收、内评法和新会计准则实施、内地分行网点筹建、附属机构开立、监管投入和管理要求不断提升等，使得员工工作量持续加大，工作的挑战性和复杂程度也大幅度提高，对人才的需求十分迫切。集友银行树立"以人才为本"的发展理念，抓住选人、育人、留人、用人、提人的"五大环节"，建立专业、系统化的人才培训及发展机制。例如：2021年总培训人数31550人次，培训时数54392小时，其中"业务专业及岗位序列"类课程1—11月总培训课时同比增加8683.5小时，"企业文化"类课程及"金融科技"类课程总培训人数分别增加约211%及70%，用心培育银行核心竞争力。

人才是第一资源，对发展、对创新都起到了关键性作用。集友银行坚信员工是银行的最宝贵财富，唯有依靠员工、培养员工、调动员工，充分发挥员工的聪明才智，才能够创造银行更加美好的未来。将"人"作为银行资本增值的核心要素之一，狠抓"人才是第一生产力"这个牛鼻子，"以人才为本"打开发展的活力源，不断朝着人力资本变革的道路迈进。

为了将人力成本、人力资源转化为人力资本，集友银行五年来不断向"双领先"靠拢：一是质量领先，在员工结构不断优化的基础上，将敢梦敢拼、竞位争先的理念融入日常工作中，深入锻造善思、敢为、担当、有品格、专业精的员工队伍，着力打造素质过硬、作风优良的人才梯队，将特别愿意付出、特别愿意奋斗、特别愿意展示才华的人凝聚在一起，以提升强化执行力为着力点，自上而下强化精细管理，促使全行上下形成合力，打开转轨破局之路。二是价格领先，随着银行的发展，不断提高基础薪酬、绩效以及各类短中长期福利等物质条件，营造开放包容的争先文化氛围。以"人+组织+管理"为切入点，给员工注入积极向上的血性和文化，培养具有创造力、责任心、主动性的人才，实现由人力成本、人力资源转化为人力资本的价值提升。

集友银行积极响应中央和香港特区政府号召，为业界培育人才，并为有志参与粤港澳大湾区建设的人才提供就业机会和金融服务。近年来，集友银行积极参与香港金融管理局"银行业人才起动计划"、金融科技人才培育计划（FCAS）－"空档年"全职实习计划、"金融服务业创职位计划（FIRST）"，以及香港劳工及福利局、香港中国企业协会的"青春试翼——大学生启航计划"等，为"香港青年创新创业发展平台（青创平台）"等提供全方位金融服务和优惠，全力支持香港青年人才就业、创业，同时与香港及内地的50所高校建立了合作。自2017年股权交割以来，集友银行累计引入超200名应届大学毕业生，其中香港本地应届大学毕业生超过一半，为广大香港青年人才深入学习、了解、参与粤港澳大湾区建设提供了机会和空间。

2019年11月，厦门国际银行金融学院（现金融研修院）香港培训中心成立，成为集团化培训品牌建设的又一个重要里程碑，中心与香港中文大学商学院签订《战略伙伴合作协议》，为银行培育高水平的国际金融人才。香港培训中心的成立是国际银行培训管理自主化的开端，将继承国行文化，承接集团培训体系，提供国际化的前沿培训资源，打造青年银行家的培养摇篮。

2019年11月6日，举办厦门国际银行金融学院（现金融研修院）香港培训中心开幕典礼

当前粤港澳大湾区建设正如火如荼加速推进，并取得了令世人瞩目的成绩，这对于香港巩固提升竞争优势，更好地融入国家发展大局具有重大意义。集友银行紧抓粤港澳大湾区创新机遇，努力创造高质量发展空间，通过布局新机构网点、拓宽新业务领域、搭建人才交流平台等，为湾区人才创造更多筑梦可能，截至2020年末，集友银行员工总数较2017年股权交割前增长超60%，在实现自身稳健发展的同时，为广大湾区尤其是香港青年人才提供了更多更具潜力的发展机会。

2022年6月，集友银行举办庆祝香港特区成立25周年暨集友银行2021年度评优评先表彰典礼

近年，人工智能、大数据、云计算、物联网等新兴技术急速发展并在银行业界中普及应用，集友银行积极响应政府号召，加强创科发展、瞄准新兴产业、汇聚科技人才，于2020年在深圳成立全资附属科技公司集友科技创新（深圳）有限公司，在支撑科技及业务发展的同时，积极为科技人才就业赋能。目前已引入50余名科技创新人才，未来还将提供近百个科技人才就业及实习岗位，通过构建科技战略发展平台，实现深港两地"科技+金融"力量融合，在助力湾区青年筑梦未来的同时，为粤港澳大湾区建设国际科技创新中心注入新动力。

同时，集友银行加快搭建综合经营体系，优化人才发展空间，深入研究和贯彻落实中国人民银行等四部门发布的《关于金融支持粤港澳大湾区建设的意见》及开展私募股权投资基金跨境投资试点的指示，于2021年4月份在深圳成功推进集友私募股权投资基金管理（深圳）有限公司（QFLP公司）获批并完成中基协管理人备案，成为近三年来中国首家获得备案的银行系QFLP公司，通过搭建平台吸引高层次人才，以创新之路支持粤港澳大湾区建设。谈及集友银行，深圳分行年轻员工深情满满："初识集友是被这个饱含希冀的名字深深吸引，对蕴含着'集四海之友，助教育之兴'

的企业使命心生向往；集友银行历史以来就将自身的发展与国家教育事业的兴盛紧密联系在一起，致力于以大格局、大担当干一番动人事业。"

集友银行坚持传承"嘉庚精神"，服务国家战略，支持实体经济，回馈社会，勇担责任。2021年，在"两个一百年"奋斗目标历史交会的关键节点，集友银行作为侨资银行，创新探索在外资银行内部开展党的建设、加强党的全面领导、以党建促进高质量发展，成功推进筹建了集友银行境内机构党委和分行党支部，让党建和业务同频共振。2021年6月28日，集友银行境内机构党委获批成立；7月9日，集友银行有限公司福州分行设立党支部，这是福州市首家也是目前唯一一家侨资银行成立的党支部，对积极推进侨资银行党建、为地方经济建设提供组织服务具有重要意义。

船行致远，在于集众人之力。股权交割以来，集友成百上千的普通员工的涓滴投入汇聚成了银行奔涌向前的磅礴力量，推动集友银行在逐浪前行的过程中行稳致远，形成千百万人同心干的态势，其中最大动力在于"人"。

集友银行获得诸多荣誉奖项，有效促进了集友特色化雇主品牌建设，极大地提高了品牌竞争力，提升了银行积极践行企业社会责任的品牌形象。集友银行连续多年获颁"企业社会责任大奖"，2020年获得该类奖项2次，并荣获"领航'9+2'粤港澳大湾区最佳商业银行大奖"等多项殊荣。2021年，连续3年获得《Job Market求职广场》颁发的"卓越雇主大奖"及"CT good jobs"颁发的"Best HR Awards"奖项；荣获《晴报》"第6届金融业大奖"（Banking & Finance Awards 2021）银行机构类别的"杰出可持续发展企业社会责任大奖"；荣获"领航'9+2'·第二届粤港澳大湾区大奖评选"中的"粤港澳大湾区最佳银行奖"；夺得《明报》首次主办的"卓越财经大奖"；在《镜报》月刊主办的"第九届杰出企业社会责任奖"中蝉联"杰出企业社会责任奖"。

2021年7月，集友银行荣获《明报》首届"卓越财经大奖"，集友银行行政总裁郑威（右一）代表领奖

2022年8月，集友银行荣获 JobMarket 颁发的"卓越雇主大奖"（这已是集友银行连续四年获此殊荣）

2022 年，集友银行在新城电台主办的"香港回归 25 周年企业贡献大奖"嘉许礼上获颁"香港回归 25 周年企业贡献大奖"

2022 年，集友银行获颁"粤港澳大湾区最佳银行奖"，时任集友银行副总裁陈耀辉（右四）代表集友银行接受大会颁奖

─● 第二节　关爱员工　用心用情 ●─

集友银行十分重视员工的发展和福利，致力为员工提供职业发展机会及良好的工作环境，一方面对员工培训及发展投入大量资源，激发员工的积极性；另一方面通过组织文娱康体活动、积极举办球类及演艺等公开比赛，协助员工在事业发展及工余生活方面取得平衡。盈余分配上规定了职工福利比例，关心员工生活，从而增加了员工对银行的认同感和归属感。

集友银行厦门总行 1948 年度盈余分配表显示，法定公积金、集美学校经费各为 20%，纯利扣除法定公积金及集美学校经费净余所得，按所得税法第五条第九项课税 30%，1948 年净利除上列各款先得提取外，余数按下列成数分配：股东红利 60%、董事监察人酬劳金 10%、总经理协理及职员酬劳金 25%、奖学金及社会事业补助金 5%。集友银行除了集美学校经费，另列有奖学金及社会事业补助金 5%。

香港集友银行 1948 年 5 月 23 日召开第一届第三次董事会议记录显示，董事会决议 1947 年度盈余对股息红利及花红分派方案，对员工酬劳金也作了规定，为鼓励员工，对员工考绩作了规定，银行对职工请假、休假、病假都作了详细明确的规定，有利于促进职工更加专业化、职业化。1951 年 6 月 26 日，《大公报》曾报道香港集友银行为全体职工办理团体人寿保险，全部保险费由行方交付的新闻。

我们可以从一份档案中获知集友银行总行和沪行职工薪酬大致概貌。1955 年时，集友银行资方代理人与职工厦行 18 人、沪行 32 人。经理、副理每月薪水 200～250 元；主任级月薪 160～200 元，一般职员月薪 100～150 元，工友月薪亦在 70～100 元。平均每人月薪高达 140 元。此外，还有人事费用开支项目：1. 早晚膳贴；2. 供应午膳；3. 年终奖金；4. 工友值夜班费；5.加班费；6.不请假奖金；7.车费津贴；8.生育、婚丧津贴；9.医药津贴等。调查意见认为，副理及职工薪水高于平均水平很多。可见，集友银行当时的职工福利和薪酬还是较为优厚的，除较高的薪水外，各项福利也很不错。

20世纪50年代，集友银行上海分行职工就诊证

20世纪50年代，集友银行上海分行劳保家属诊病证

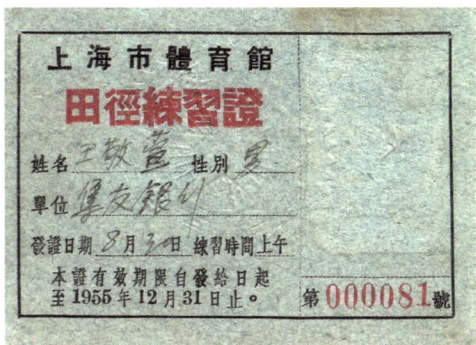

20世纪50年代，集友银行上海分
行职工田径练习证

　　集友银行创办之初，努力营造企业形象，建立公司文化，增强员工对企业的认同感。1957年，第一届全港银行国际"厥祥杯"水上运动大会在金银贸易场泳棚举行，集友银行捐赠全部奖品及费用，此后连续三届由香港银行华员游乐会主办的水运会均由集友银行赞助。1959年，集友银行成立12周年纪念，银行宴请了全体职员和家属，到会者120多人，由总经理陈厥祥、副总经理陈克承款待，席间并有抽奖助兴节目，会后合影留念。

1959年7月15日，香港集友银行举办十二周年联欢纪念活动，时任总经理陈厥祥
（前排中）、副总经理陈克承（前排左四）与职员及家属合影

集友银行举办多元化的文化活动，营造打拼在一起、生活在一起的大家庭氛围，以热情洋溢的文化氛围激发员工工作热情，增强全行的凝聚力和向心力。2018年，举办各类活动，如"员工保龄球乐缤纷""迎贺中秋暨国庆活动""中企协第8届运动会""2018年乐施毅行者""寒冬送暖金丝带义工活动"等，还参与集团"改革开放四十周年 国行奋楫新征程"文体嘉年华及其系列活动，协办"国行杯"篮球联赛首场香港站赛事等，激发职工工作热情，提振全行凝聚力和向心力。

1971年，集友银行组织员工参加中银集团运动会

1986年，集友银行举办篮球联赛

1992年，集友银行组织员工参加"公益金百万行"活动

2009 年，集友银行举办庆祝中华人民共和国成立 60 周年联欢晚会并精心准备礼物赠送员工

2014 年，集友银行举办员工保龄球比赛

2016 年，举办员工及家属"迪士尼欢乐之夜"嘉年华活动

2019 年，在对员工的关怀方面，集友银行多项举措将关怀转换为切实的员工福利，为员工的工作和生活提供良好保障。例如：发放高温津贴、交通津贴等；员工提拔和晋级，让更多有能力、有潜力的年轻人走上各级管理岗位；重新检视并调整员工休假与考勤制度、深化薪酬福利体系改革、建立绩效奖金预发机制、升级午餐补助、扩大改进下午茶机制等。

2020 年新冠疫情发生后，集友银行始终将保障员工健康放在首位，向员工及其家属发放防疫用品，常态化做好疫情防控保障工作，持续采购防疫物资，为员工提供长期的防护，2020 年累计向员工派发防护口罩超过33 万个，提供"抗疫爱心包"呵护员工与家人的健康。积极了解员工的身体状况和生活情况，开展关爱员工活动，及时发放抗疫津贴、提高午膳津贴及交通补贴，升级员工健康保障计划，按比例延长未休年假至次年，多举措宣传疫情防控知识，组织防疫课程的学习培训等，凝聚共同抗击疫情的合力，增强文化凝聚力。为保障银行正常运营，维护中资企业形象，集友员工保持 80% 以上的现场办公比例，香港 24 家分行一线员工坚守岗位，顶住压力提供优质服务；疫情中，部分分行暂停营业，员工仍坚持停业不停工，在疫情中坚守，在挑战中奋进。

第三章 回报社会 共生共荣

厦门市人民政府贺信

集友银行成立于1943年，香港集友银行成立于1947年，当时中国积贫积弱，银行创办之初规模亦不大，资本金虽小，但有大志向，从一开始即明确定位自己的使命是辅助集美学校的发展，尽显集友银行的社会责任意识。长期以来，集友银行始终坚持对社会负责任的态度，秉持审慎稳健经营原则，在"嘉庚精神"引领下，把践行企业社会责任逐渐内化成为银行文化的重要组成部分。

第一节　助学帮困　初心不改

众所周知，集友银行原本就是为集美学校筹集经费而创办的。1943 年 10 月 1 日，集友银行原定股本法币 400 万元，收足半数 200 万元先行营业，1944 年 8 月将未收股本 200 万元拨让给归侨和厦大、集美二校校友参加，后又经增资，至 1951 年有股东 32 人。根据 1952 年 10 月 17 日 "集友商业银行股份有限公司第六次股东临时会议录" 记载，海外股东陈六使、李光前、陈济民、陈厥祥、陈国庆提议本行所有股东，除保留账外投资于港缅方面的外币外，将投资本行账内的股款，全部捐作私立集美学校基金，当时多数股东表示赞同。其后经过洽商后，部分股东退股或转让。文件中列出的 17 人名单为陈六使、李光前、陈济民、陈厥祥、陈国庆、陈村牧、叶采真、陈康民、刘梧桐、庄怡生、郑自明、裘金、潘国均、潘国渠、潘国炎、陈子康、集美实业公司等，其中集美实业公司为学校的企业，陈村牧、叶采真是代表学校持有股份。

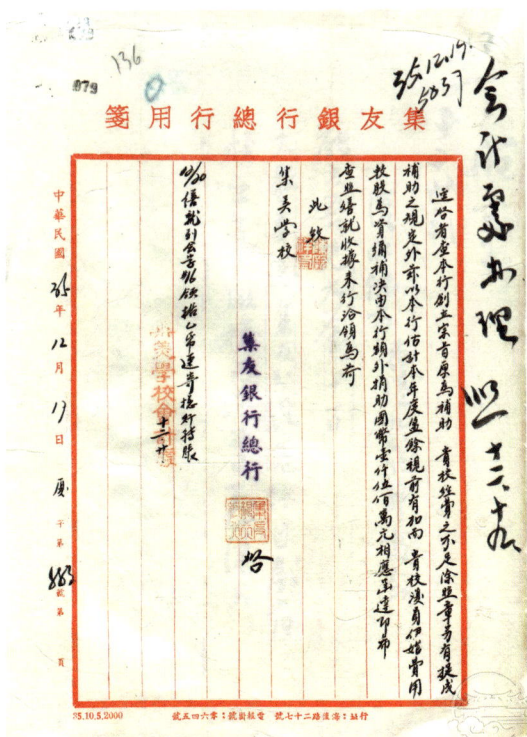

1946 年 12 月，集友银行额外捐助集美学校复员建设经费

一家银行内部的道德标准、行为准则对公司的

文化及价值观的形成有着极大的影响。从"为谋集美学校永久经济基础起见"而创办集友银行，到捐献股本股权给集美学校，这是一项捐献义举，也为集友银行树立了良好的企业形象，后人还总结出集友银行"以行养校、以行助乡"的理念，这对集友银行的企业形象建构有着重要的文化意义。

集友银行厦门总行、沪行与港行之间通力合作筹谋经费，共同襄助陈嘉庚办学，办学之路曲折艰难，烦琐复杂，全体集友人坚忍执着，共同分担、拼搏努力。

香港集友银行成立后，为集美学校建设购买所需各种建筑材料、用品等，包括水泥、摩托车、食品、校景冲印、相纸、彩色胶卷及冲洗药品、舞台聚光灯、农场和花园应用机器、花卉、柴油机、蚊帐、被布、荧幕、50周年纪念刊需用的光面铜版纸、龙舟赛奖品汽车零配件、电度校正表及感应器、镀锌水管及零件、桐油、圆钢等，涉及的物品各式各样。

此外，许多校友捐赠给集美学校的款物大多由集友银行代办，捐款如数存入学校账户，捐物由港行为学校寄运回厦，形成港行、校友、学校的网络。例如，1963年，中国香港地区以及新加坡等地的校友通过香港集友银行给母校50周年捐款、赠送纪念品等。港行在接到校友捐款后，如数存入学校账户。

作为香港集友银行总经理的陈厥祥曾捐赠给集美学校教具、模型等，体现了对集美学校的爱护之情。1963年2月，集美学校50周年，陈厥祥赠送学校舢板四艘（轮船上的救生艇），以供学校师生作海上操艇锻炼之用。1964年8月14日，港行写信给集美学校委员会，函告陈厥祥生前备赠集美小学塑料教具两箱，由船运送到厦门，集美学校委员会的档案室保存的清单两页，所列教具清单包括名称、尺寸、金额，总额为93820港元，各类模型等 53 种之多。

陈厥祥儿子陈克承先任香港集友银行副理，1964 年后继任总经理，对集美学校也多有关怀，档案显示他曾赠送钢琴、意大利新式摩托车，1965 年购赠端午节龙舟竞赛所需奖品等，合计 1876.5 港元。

集友银行开业以来，经过历代集友人的勤恳经营，始终如一，持续透过银行派发的股息和红利回馈教育，促进嘉庚遗产、遗业及公益事业乃至厦门市教育事业的发展，实现陈嘉庚支持教育事业的遗愿，传承及弘扬陈嘉庚爱国兴学的崇高精神。集友银行所创造出来的价值给予陈嘉庚遗留下的各项事业丰厚的回报和支持。以银行盈利回馈教育，践行嘉庚爱国兴学的理念，这是集友银行担当社会责任的独特之处。

集友银行的主要股东之一——私立集美学校委员会提供的资料显示，1990 年至 2021 年集友银行股息资金分配共计人民币 184241.916 万元，每年平均分配人民币约 5757.56 万元，其中教育类分配合计人民币 67475.34 万元，占比 36.2%；嘉庚遗产遗业及公益事业资金分配，占比 63.38%。受益单位主要有厦门大学、集美大学、厦门海洋职业技术学院、华侨大学华文学院、集美中学、集美工业学校（原集美轻工业学校）、集美小学、集美幼儿园、集美二小、锦霞幼儿园（现集美实验幼儿园）、集美校委会、集美校委会（应急防灾储备金）、陈嘉庚纪念馆、集美图书馆、集美社公业基金会、集美校友总会、集友陈嘉庚教育基金会、陈嘉庚研究会、华侨博物院、厦门市第二医院、集美街道办、大田县"第二集美学村"等。

另外，2001 年至 2015 年股息承担建设项目总金额为人民币 2.88 亿元，具体情况：（1）嘉庚体育馆建设项目 2001 年至 2005 年合计支付人民币 1.16 亿元；（2）集美中学新高中部建设项目 2007 年至 2011 年合计支付人民币 8991 万元；（3）滨水小区集美中学附属学校建设项目 2009 年至 2016

年合计支付人民币 5000 万元；（4）厦门市第二医院大楼建设项目 2012 年至 2015 年合计支付人民币 3219 万元。[1]

据统计，自 1970 年集友银行加入中国银行以后，1972 年至 2003 年上半年累计派发予集美学校股息及红利共达 96500 万港元。[2] 进入 20 世纪 90 年代以来，在银行业务飞跃发展的情况下，股息和红利更是大幅增长，也进一步增强了对陈嘉庚各项事业的支持力度。多年来，集友银行派发予集美学校股息及红利超过港币 28 亿元，有力支持乡社建设和教育发展。

支持教育事业一直是集友银行践行社会责任的一个重要表现。在捐赠教育事业方面，集友银行设立了基金会，其中最突出的是设立集友陈嘉庚教育基金会，对外捐赠广泛用于助学、扶贫、帮困等社会公益。

为了纪念陈嘉庚创办集友银行的功绩，集友银行于 1986 年 12 月的股东特别会议作出决议："自 1987 年财务决算年度开始，每年从银行应派的普通股息中提取百分之十，赞助集美学校作为陈嘉庚教育基金"，旨在

1988 年 7 月 10 日，《大公报》关于集友银行提取股息作为集美学校教育基金的报道

---

① 资料来源于 2022 年 7 月 21 日对私立集美学校委员会副主任张志方的访谈。

② 杨伏山：《集友银行派发逾九亿六千万股息支持集美学校教育》，中国新闻网，2003 年 10 月 23 日。

弘扬"嘉庚精神"，促进集美的教育发展。1989 年 12 月 25 日，集友陈嘉庚教育基金会正式成立，产生第一届理事会，并通过基金会章程等有关事宜，开始正常运作。

集友银行自 1987 年至 1992 年 5 年共提取股息港币 560 万元，于 1989 年 3 月 3 日汇入港币 25 万元作为注册资金，其余经厦门市外汇管理领导小组办公室批准同意将该款存在集友银行"集友陈嘉庚教育基金会"账户上，同时以最优惠利率计息。基金会自 1989 年首次颁奖截至 2019 年，总计有 2799 名优秀教职工荣获奖教金、11052 名优秀学生荣获奖学金、2099 名在校贫困生获得助学金。30 年来，集美学村奖教奖学项目颁发的奖金和助学金等费用共支出人民币 1078 万元。

1998 年 9 月，集友教育基金向福州大学捐款

2003 年，举办 2002—2003 年度集友陈嘉庚教育基金会暨第六届集友教育基金大学助学金颁奖（赠）大会

2013 年，适逢集美学校建校 100 周年，集友银行向集友陈嘉庚教育基金会捐赠 100 万元

在厦门市委统战部的有力领导下，在深入调研论证、广泛征求意见的基础上，2017 年 5 月 27 日，集友陈嘉庚教育基金会完成更名和换届，更名为"厦门市陈嘉庚教育基金会"，并依照有关法定程序修改《陈嘉庚教育基金会章程》，正式创设"陈嘉庚奖学金"，资助"海上丝绸之路"港澳台地区集美校友后裔学生和沿线国家华侨华人学生到厦门学习深造。陈嘉庚奖学金项目是为了深入贯彻落实习近平总书记给集美校友总会回信精神，以及更好地宣传陈嘉庚的丰功伟业、传承和弘扬"嘉庚精神"而创设的，是惠及海外华侨华人的公益项目。这一举措立足长远，惠泽海外，是响应国家"一带一路"倡议，是对嘉庚事业的延续拓展，进一步广泛弘扬了"嘉庚精神"。

2017 年至 2019 年陈嘉庚奖学金项目三年累计录取海外学生 815 人，实际报到 719 人，实际支付奖学金总额合计 5599 万元。截至 2022 年 6 月，实际报到学生 987 名，五年累计颁发陈嘉庚奖学金总金额 10592 万元。

2017 年至 2019 年陈嘉庚奖学金项目录取海外学生情况表

年度	录取人数	生源国分布
2017	369	泰国、缅甸、印度尼西亚、马来西亚、柬埔寨、菲律宾、越南、老挝、新加坡
2018	224	泰国、缅甸、印度尼西亚、马来西亚、柬埔寨、菲律宾、越南、老挝
2019	222	泰国、缅甸、印度尼西亚、马来西亚、柬埔寨、菲律宾、越南、老挝、新加坡
合计	815	

资料来源：厦门市陈嘉庚教育基金会

对于陈嘉庚奖学金项目，海外侨领予以高度赞赏。马六甲华人社团领袖拿督颜天禄表示，陈嘉庚奖学金切实为海外华人办了件实事，海外华人对此深怀感激。马中丝路企业家协会总会长、马来西亚海丝基金会理事长、厦大马来西亚校友联合总会会长沈君伟表示，支持并欢迎厦门市陈嘉庚教育基金会设立"陈嘉庚奖学金"，这是广大海外华人子弟的福音，对维护祖国统一及繁荣昌盛发挥了积极作用。缅甸大其力大华佛经学校校长王瑞杰表示，感谢陈嘉庚奖学金项目为东南亚海外学子提供了奖学金留学的机会，喜爱中华文化的学子感到欣慰万分。泰国集美校友会秘书长陈坤山表示，陈嘉庚奖学金为华裔子女回到祖籍国就读提供了很好的机会，也让海外华人感受到了祖籍国的温暖。

2020 年 8 月，基金会走向大西北开展弘扬宣传"嘉庚精神"和对口帮扶工作，捐赠陈嘉庚奖学、助学专项资金 9 万元。2021 年 4 月，基金会积极参与"爱心厦门·圆梦助学"公益项目，共资助 21 名学生一年共 10.71 万元。此外，基金会还通过开展"壮丽七十年 嘉庚精神伴我行"征文比赛、"嘉庚·印象——留学生眼中的嘉庚先生"摄影比赛等丰富多彩的特色活动，弘扬"嘉庚精神"，通过加强开展各类对外联络联谊工作，进一步提升影响力。

为传承陈嘉庚兴办教育的精神，此前在 1994 年，集友银行即捐资赞助福建省"科技成就奖"，连续 5 年合共捐资 60 万港元，以奖励有重大贡献的福建省科技人员。1996 年，集友银行成立"集美教育专项"支持福建省及集美学校的教育事业，以实际行动追随陈嘉庚的奋斗足迹，充分体现了集友银行对教育事业的高度重视，契合办行初衷，传承回馈教育的使命。

1995 年，集友科技成就奖颁奖仪式

　　1998 年起，连续 6 年资助福建省厦门大学、福州大学、集美大学及集美中学共计 100 名贫困学生，合共 300 万元人民币。1998 年，捐款 50 万元人民币资助福建省希望工程，分别支持福建省武平县十方镇兴建和平小学、平和县南胜镇兴建石坑村小学，以及捐资福建省老区建设促进会扶贫助学金用于修建燕坑希望小学及狮子头希望小学。同年，向香港小西湾福建中学捐款 30 万港币，用于新校舍兴建多媒体语言实验室。

　　2000 年，向集美大学财经学院捐款 100 万元人民币，作为构建计算机实验室的经费。

　　2005 年，向集美大学捐赠 30 万元人民币，以资助该校 100 名家境清贫的优秀学生。

　　2006 年，向厦门大学附属中医院捐款 20 万港元，协助 400 名闽西山区先天性心脏病患儿童的救治。

2011 年，捐款 36 万港币赞助集友陈嘉庚教育基金会。

2012 年，向福建省平和县广兆中学捐款 15 万港元。

2013 年，为纪念陈嘉庚创办集美学校 100 周年，向集友陈嘉庚教育基金会捐款 100 万元人民币，奖励集美学校和集美区属学校优秀教师和学生及资助贫困学生，以实际行动继续支持集美学校教育事业的发展。

2017 年，向福州市晋安区"教师进修学校附属第二小学"捐款兴建集友图书馆。

2009 年 4 月 10 日，厦门国际银行与厦门大学教育发展基金会联合发起成立国内首家中小银行教育发展基金会——闽都中小银行教育发展基金会。这是一家非公募性质的社团法人组织，原始基金为 1800 万元人民币。2017 年 3 月 27 日，集友银行股权成功交割，正式成为厦门国际银行的一员，也参与该基金会的慈善活动。2018 年集美大学建校 100 周年校庆期间，集友银行连同闽都中小银行教育发展基金会向集美大学捐赠 1000 万元人民币，为集美大学设立奖教奖学基金、资助学生社会实践、开启科创科研活动等提供支持，积极传承和弘扬嘉庚先生兴学精神。

2019 年 10 月，"陈嘉庚基金联谊会"在香港成立，由集友陈嘉庚教育基金、闽都中小银行教育发展基金会、新加坡陈嘉庚基金、马来西亚陈嘉庚基金、马来西亚中华大会堂总会、吉隆坡暨雪兰莪中华大会堂、菲律宾厦门联谊会、厦门市陈嘉庚教育基金会等与"嘉庚精神"有渊源的非营利性组织共同倡导发起，倡导以华侨华人为纽带，在全球范围开展多维度的交流与合作，扩大慈善公益的规模。

2021 年，由集友陈嘉庚教育基金荣誉赞助，陈嘉庚基金联谊会主办了"第一届国际中学生陈嘉庚常识比赛"，这是集友银行首次举办国际性的中

学生常识比赛，首次以在线的形式进行国际比赛。比赛获 36 所学校、共
96 支中学生队伍积极参赛响应，取得了在国际社会传承和弘扬"嘉庚精
神"的良好示范效应。

2021 年 8 月，举办第一届国际中学生陈嘉庚常识比赛（前排右四为时任集友银行董事
长吕耀明）

2022 年 6 月，"第二届国际中学生陈嘉庚常识比赛"启动，吸引了中
国内地、中国香港、中国澳门、马来西亚、菲律宾等国家和地区的 227 支
中学生队伍报名参赛，人数达 1135 名。8 月，比赛成绩揭晓，马来西亚巴
生兴华中学第二代表队摘得桂冠。比赛全程以中文汉字和汉语进行，范围
主要为考查学生对陈嘉庚生平事迹的了解以及对海外华人简史、中国近现
代史的认知情况。"国际中学生陈嘉庚常识比赛"突破地域和国界的限制，
在世界范围内传承"嘉庚精神"，推动了各地中学生进一步铭记历史、珍
爱和平，增强民族认同感和自信心，引发社会各界的热烈反响。

2022 年 8 月 28 日，在第二届国际中学生陈嘉庚常识比赛颁奖典礼上举行"华侨旗帜
民族光辉——陈嘉庚生平事迹展进校园启动仪式"（右五为集友银行行政总裁郑威）

第二节　关怀社区　友爱社群

　　企业社会责任的一项重要内容是企业与社区的互动。在长期的发展过
程中，集友银行始终注重回报香港与福建两地社会，逐渐形成自身的一项
企业特色。"生于福建、长于香港"，这样的描述与集友银行成立背景和成
长过程有着密切关系。

　　集友银行植根香港、服务香港，积极响应政府与社会团体的号召，以
实际行动表达对社区的关爱。集友银行员工及义工队持续多年参与社区活
动，从 20 世纪 80 年代开始，集友银行参加每年一度的"港岛、九龙区公
益金百万行"盛事，支持慈善公益活动，履行企业社会责任。

2021 年，集友陈嘉庚教育基金有限公司向香港公益金捐赠 30 万港元

　　1993 年，集友银行赞助香港首次举办的"棋艺嘉年华会"活动。2010年起，集友义工队连续参与由香港仔街坊福利会举办的"寒冬送暖金丝带行动"。2011 年，集友银行参与香港渔农自然护理署举办的植树日活动。2014 年，集友银行参加由香港银行公会主办的"小小义工大行动"，关怀独居长者。2015 年，集友义工队参与"端阳暖万心"派粽大行动，探访独居长者，关怀弱势社群；参与由保良局主办的"爱·社区探访大行动"义工活动，探访居于蓝田区长者；多次参与由香港银行公会举办的"活用银行柜员机"讲座，向长者介绍如何使用自助柜员机；开展"青年理财工作坊"活动，与中学生讲解银行及理财之道；开展"我是 Banker"活动，与中学生分享银行岗位的工作经历。2016 年，集友参与由环境局举办的"户外灯光约章"计划，为减低光污染贡献一份力量。2014 年起，集友银行连续 9 年获香港社会服务联会颁发的"商界展关怀"标志，肯定集友银行多年来履行社会责任，致力关怀社区、员工和环境关注的承担。

2014 年，集友银行义工队参加由香港银行公会主办的"小小义工大行动"

2022 年，集友银行义工队参加香港仔坊会举办的"寒冬送暖大行动"

　　多年来，集友银行除了积极支持集美学校发展和回馈教育，也大力推动闽港经济发展，加强联系福建社团乡亲，展现出浓厚的福建文化色彩。1995—1997年，集友银行连续三年举办"水仙花展暨业务推广活动"，在多间分行内设置小型水仙花展区，邀请漳州水仙花师傅为客户介绍如何挑选水仙花头，示范雕刻、养护企鹅头水仙花及蟹爪水仙头等基本技巧，以特色营销活动，加深与客户关系及传承福建文化。职员陈瑞显回忆道："这是我们分行第一次举办这类活动，毫无经验可言，但整间分行同事以及总行的后勤配合，令活动最终举行得非常成功！全体同事上下一心，将整家分行都布置得美轮美奂。"

1995年，香港总行大厦大堂水仙花展

　　集友银行在业务上，曾以"聚焦闽港两地，实现特色经营"为业务发展策略，大力发展福建相关业务，带动闽籍乡亲的投资、融资业务，加强两地的往来沟通。在企业文化活动上，集友银行有意识地促进员工对福建文化的认识，比如：2014年分别在福州、厦门举办"环球市场经济讲座"，加强与闽籍客户的交流；2015年组织厦门集美、土楼导赏摄影团；2015年起每年举办闽南语培训班，鼓励员工多用闽南语与福建客户交流；2016年福州分行举办"嘉庚精神演讲比赛""杰出闽籍人士讲座"等，弘扬嘉庚精神，传承诚毅品格。

集友银行持续深化及拓展香港福建社团联会及团体会员，参与及协办福建社团举行的大型活动，凝聚社群力量。2016年与香港福建体育会联合举办篮球友谊赛，协办2016年港、澳、台、厦"福建杯"乒乓球邀请赛；积极参与香港厦门联谊总会举办的"2016年迎中秋庆国庆博饼联欢晚会"等。

第三节　同心抗疫　共渡难关

2020年初新冠疫情暴发后，集友银行在厦门国际银行集团的统筹部署下第一时间启动应急机制，以金融的力量助力疫情防控阻击战，主动履行金融机构的企业社会责任和担当。

疫情之初，鉴于抗疫医疗物资匮乏，集友银行积极联络海外侨胞，联合华侨华人的力量，克服困难，竭尽所能多渠道寻找抗疫物资供应商，采购如医用口罩、防护服、护目镜等紧缺医疗物资，转运到香港及内地支持抗疫，向香港医管局、香港红十字会、香港明爱等慈善机构，以及湖北省、福建省等27家定点医院捐赠医疗物资和防疫物品，有力支援抗疫一线，强化了传承和弘扬"嘉庚精神"的良好社会形象。

新冠疫情发生后，集友银行联同陈嘉庚基金联谊会第一时间采购防疫物资支援抗疫

2020 年，向香港医院管理局捐赠抗疫物资（左二为集友银行行政总裁郑威）

2020 年，向香港红十字会捐赠抗疫物资（右二为时任集友银行副总裁陈耀辉）

2020 年 3 月，集友银行、集友陈嘉庚教育基金、陈嘉庚基金联谊会向集美大学捐赠"爱心口罩"

2022年，香港第五波新冠疫情暴发，同年3月新增确诊病例每日以万计，集友银行积极响应中央和香港特区政府号召，从境内外采购紧缺的防疫物资支援香港抗疫社团、医护人员、社区群众、福建乡亲及青少年等群体共同抗疫。

集友银行联合陈嘉庚基金联谊会、集友陈嘉庚教育基金、香港金融科技青年协会多次捐资捐物援助香港福建社团联会、香港医管局辖下博爱医院、香港直接资助学校议会、香港"青少年抗疫连线"等，累计捐赠快速检测试剂盒、N95口罩、连花清瘟胶囊等防疫抗疫物资共计2.8万件。同时，捐资赞助"中医医疗车义诊日"，通过博爱医院派出其辖下中医服务团队及35部中医医疗车于香港岛、九龙及新界各区进行义诊活动，为广大市民免费提供中医内科诊断和两剂浓缩中药。

为支持香港特区政府抗疫及支援北部都会区社区抗疫工作，2022年3月，集友银行携手元朗地区政府部门、非政府组织及社团、乡事委员会等组成"元朗各界抗疫关注联盟"，为居民提供中西医抗疫热线服务，募集及发放防疫抗疫物资，义工团队主动支援前线医护，配合政府抗疫行动，为守护香港家园出力。

集友银行积极响应香港中联办"16项支持特区政府防疫抗疫举措"的号召，及时推出"同心抗疫"金融服务十大措施，加大企业和市民纾困帮扶力度，努力发挥金融抗疫力量，助力社会各界共渡难关。

面对严峻的疫情形势，集友银行福州分行在筑牢疫情防控屏障的同时，积极为所在社区的抗疫工作提供支援。送上防疫物资、调拨电脑设备、派出科技人员、征集志愿者……2022年向鼓楼区鼓东街道捐赠一座便民核酸采样屋，为医护人员营造了安全舒适的工作环境的同时，也为鼓楼区打造"15分钟核酸采样圈"贡献了一份集友力量。

在这场没有硝烟的战斗中，集友人以实际的行动支援疫情防控工作，点滴汇聚皆是集友人始终坚持服务当地社会的拳拳赤子之心。

2022年，集友银行捐资赞助"中医医疗车义诊日"，为香港市民提供义诊服务

2022年，集友银行向香港福建社团联会捐赠抗疫物资

2022 年，集友银行向香港青年联会捐赠抗疫物资

2022 年，集友银行福州分行捐赠便民核酸采样屋

第五篇

奋进新征程

　　在中国近现代史上，"嘉庚精神"曾激励和感召无数华侨华人弘扬爱国主义情怀，为祖国统一和民族振兴而勇毅奋斗。新中国成立后，许多海外华侨华人渴望回国投资参加祖（籍）国建设，侨汇在平衡国际收支中亦发挥了重要作用，华侨经济金融在我国的发展也成为国家发展战略的重要组成。改革开放以来，我国出台了一系列鼓励和吸引华侨华人来华投资的政策，为华侨华人和侨资企业在华投资发展提供了良好的环境和可期的机遇。在开放政策的引导下，海外华侨华人基于深厚的爱国之情和对本土市场文化的兼容，以其在海外发展积累的雄厚财力和国际化发展经验纷纷归国投资设厂，持续参与祖（籍）国的现代化建设，在拉动国内经济增长、深化对外开放、增加就业以及加速城镇化进程等方面作出了卓越的贡献。华侨华人还通过参办商业银行等侨资金融机构，对中国金融业的高质量发展发挥了重要作用。因此，华侨华人和侨资企业在华发展与中国经济及金融高质量发展有着相辅相成的关系。随着中国经济的持续增长，海外华侨华人希望进一步融入祖（籍）国发展的热情亦日趋高涨。

　　在新形势下，中国经济的高质量发展离不开广大华侨华人和侨资企业的接续参与和持续贡献。大力发展华侨金融，为华侨华人经济注入金融活水，提升对海外侨胞、侨企的金融服务质效，有利于构筑金融统一战线，团结海外华侨华人在新形势下迎难而上、守正创新，积极应对新变化，迎接新挑战，以更饱满的家国情怀和共克时艰的决心勇气进一步参与中国建设大业。

第一章　展望未来　绘就蓝图

当前，人类社会正处在一个大发展大变革大调整时代。面对百年未有之大变局和复杂多变的国内外形势，中国提出了"一带一路"的发展倡议，正构建以"国内大循环"为主体，国内国际"双循环"相互促进的新发展格局。

随着中国经济的持续增长，海外华侨华人希望进一步融入祖（籍）国发展的热情亦日趋高涨。顺应时代发展形势，进一步发扬"嘉庚精神"，集友银行将持续优化横跨陆港澳三地的国际化布局，打造"海上丝绸之路"精品银行，积极开拓华侨金融发展新局面。

第一节　勇毅传承　重塑旗帜

展望未来，集友银行将怀揣"诚毅"之志、赓续"嘉庚精神"，不断开启新发展篇章。依托80年来深厚的历史底蕴与多年来服务海外华侨的良好口碑与强大影响力，集友银行将继续秉承"立基香港、联系华侨、服务社会"的宗旨，发挥位于香港国际金融中心的独特地理优势，不断改革创新，增强服务能力与国际化特色，采取"内涵式"+"外延式"的发展模式，着力服务国家战略，聚焦"粤港澳大湾区"和"一带一路"建设，发挥华侨金融特色，打造成为"海上丝绸之路"精品银行，将华侨金融综合服务旗舰驶向更为广阔的天地。

一、加强国际化布局，提升华侨金融服务覆盖面

集友银行将勇敢踏上陈嘉庚带领华侨华人服务祖（籍）国建设的光辉路径，"重走嘉庚路，服务新时代"，力争达成在内地主要中心城市及"海上丝绸之路"和东南亚主要国家的战略布局，抢抓粤港澳大湾区建设与福建高质量发展超越的战略机遇，将自身的网点版图进一步向粤港澳大湾区和福建省主要经济发展区域扩充，积极服务广东、福建侨乡的经济建设与产业升级。同时，积极"走出去"，接续参与"一带一路"建设，充分利用在东南亚的强大影响力和多年来服务华侨华人的人缘优势，积极筹划推进新加坡分行和马来西亚分行等分行的设立工作，努力实现华侨金融服务从我国东南沿海地区、香港、澳门等地进一步向东南亚乃至全球辐射，不断扩大华侨金融服务的覆盖面及嘉庚遗业影响力，更好、更广泛地服务广大华侨华人。

二、发挥金融综合牌照优势，为华侨经济提供全方位服务

集友银行将在集团化风险管控、跨界风险分离的前提下，依托香港作为中国金融和自贸桥头堡的独特地位，利用自身境内外网点和母行厦门国际银行集团的国际化布局优势，并充分发挥自身金融综合牌照的优势，深入践行厦门国际银行集团华侨金融服务标准，积极搭建起高效优质的跨境金融平台，创新华侨金融专属产品与服务，打好华侨金融综合服务"组合拳"；全力整合全行内部各种经营资源，发挥"商行＋投行、银行＋非银、境内＋境外、股权＋债权、表内＋表外"的差异化经营优势，着力把华侨金融业务做精、做专、做透，为华侨华人、侨企提供全方位金融服务，为境内企业"走出去"与侨资企业"引进来"保驾护航。在"嘉庚精神"的引领下，打造成为华侨金融综合服务旗舰。

2022 年 12 月 29 日，厦门国际银行党委副书记、行长曹云川（时任厦门国际银行党委委员）通过线上的方式正式对外发布银行业首个华侨金融服务标准

三、强化金融科技创新赋能，不断提升华侨金融服务质效

集友银行将联合母行厦门国际银行及集友科技创新（深圳）有限公司强大的金融科技力量，加大数字科技资源投入，积极夯实强化数字科技硬实力，不断深化金融科技和金融技术的组合式创新，积极拥抱数字化浪潮，借力数智化转型赋能，进一步引领各项业务高质量创新发展，不断提升华侨金融服务质效，并助力粤港澳大湾区及香港北部都会区"金融＋数字科技"融合发展。

四、传承弘扬嘉庚精神，通过高质量华侨金融发展支持兴学助乡

围绕"恪守诚信、以人为本、价值创造、服务社会"的核心价值观，积极传承和弘扬"嘉庚精神"，坚持践行企业社会责任，秉承"以行养校、以行助乡"的设立初衷，积极通过高质量业务发展反哺教育发展、家乡发展，持续捐资助学，积极弘扬兴学爱国，将集友银行的核心价值有效地传递给客户、员工、股东及社会，全力打造富有知名度、忠诚度、美誉度的品牌形象，在新时代接续弘扬"嘉庚精神"。

第二节　内外联动　勇担先锋

　　厦门国际银行与集友银行历史同根、文化同源、华侨金融使命共担。近年来，厦门国际银行坚持以习近平新时代中国特色社会主义思想为深化对外开放的根本遵循，秉承境内外融合的"华侨"基因，亦将"重塑华侨金融旗帜"作为经营发展的使命和责任，深度融入国家对外开放大局，重点为"走出去"及"引进来"侨商侨企搭建跨境金融服务平台，积极服务港澳同胞及华侨华人客户，持续赋能华侨华人经济圈高质量发展，并致力于打造华侨金融标杆银行。

　　一、华侨基因与生俱来，机构布局贯通三地

　　厦门国际银行集团成员自诞生起便烙下深刻的"华侨基因"，境内外三地机构股东均有大量的爱国华侨。厦门国际银行外方创始人是著名闽籍爱国华侨李文光，其通过控股的香港泛印集团在厦门国际银行创立之初曾持有厦门国际银行60%的股权；附属机构澳门国际银行早在1974年由爱国华侨李文光设立，目前华侨华人资本占比近50%。经过多年发展，厦门国际银行形成了"以内地为主体、以港澳为两翼、以东南亚为延伸"的战略布局。厦门国际银行以"人本、诚毅、开拓、担当"为企业核心价值观，其中，以"诚毅"为代表的"嘉庚精神"，俨然已成为厦门国际银行联结境内外三地机构的精神纽带。

　　二、确立"侨牌"战略方向，创设华侨金融专业服务体系

　　厦门国际银行将华侨华人客群视为重要客户群体，并在厦门国际银行第五个五年规划（2021—2025年，以下简称"五五规划"）中明确提出"发挥福建侨乡优势，打好'侨牌'"，将勇当华侨金融服务主力军作为未来重点战略方向之一。同时，厦门国际银行还积极制定华侨金融总体发展

指引，率先建立和完善华侨金融服务体系，构建华侨金融组织机制，为侨商侨企、华侨华人、归侨侨眷等提供全方位、多元化、国际化的特色金融服务。2022年9月，厦门国际银行正式成立华侨金融部，成为国内首家成立华侨金融专业服务部门的中小银行，自此，厦门国际银行进一步完善了自身华侨金融专业服务体系，为推动闽粤港澳及东南亚和谐发展搭建新桥梁。2022年12月，厦门国际银行通过银行间市场成功簿记发行100亿华侨金融主题普通金融债券，募资加码华侨金融；并在同月进一步发布银行业首个华侨金融服务标准——《厦门国际银行股份有限公司企业标准——华侨金融服务标准》[①]，该标准参照国家、金融行业相关标准，结合业界实践，打造华侨金融企事业客户、个人客户、同业客户金融服务体系，助力推进华侨金融服务标准化建设、专业化发展。

2022年9月6日，厦门国际银行集团华侨金融部揭牌仪式（右三为厦门国际银行董事长、集友银行董事长王晓健）

---

① 该标准规定了涉侨金融业务范围、金融产品与服务体系、金融服务渠道等内容，旨在明确相关金融服务标准，促进金融业务规范、健康发展。

多年来，厦门国际银行积极发挥内地、香港、澳门三地战略布局及国际化的核心优势，深度融入国家对外开放大局，积极推进华侨金融发展战略，倾心服务华侨华人客户；充分发挥在跨境投融资、离岸金融、跨境人民币、跨境投行、跨境财富管理、金融科技等方面优势，为港澳同胞、华侨华人享受高质量的跨境金融产品和服务提供有力保障；针对不同华侨华人客户群的差异化需求，推出跨境支付结算、投资理财、代理保险及资产管理系列特色化产品与服务；推出"华侨金融服务月"系列活动，深化侨界侨企共建联建，并正会同境内外三地机构积极研究创设华侨金融专属服务卡。截至 2022 年末，厦门国际银行集团已与 400 余家侨商侨企达成合作，华侨金融业务量超人民币 260 亿元。未来，厦门国际银行将继续加强集团内外联动，围绕专业化、广泛化、特色化、精细化服务四大方向，延伸华侨金融服务触角，为华侨金融提供"暖心、安心、用心、省心、贴心"的服务体验。

三、深耕闽粤港澳侨乡，积极服务国家区域发展

广东与福建两省是我国著名的侨乡，厦门国际银行积极发展华侨金融，推动构筑金融统一战线，积极调动广大粤籍、闽籍海外华侨华人的力量，助力粤港澳大湾区建设、福建全方位高质量发展超越、厦门金砖国家新工业革命伙伴关系创新基地建设等国家重大区域发展战略。坚持"聚焦主业、回归本地"的业务高质量转型导向，组织总、分行结合福建、广东本地政府政策、发展规划，强化对本地市场的调研工作和实体经济支持力度。此外，2021 年 2 月，在福建省委、省政府和澳门特区政府及相关单位的大力支持与指导下，厦门国际银行内地、香港、澳门三地机构会同中华（澳门）金融资产交易所联合举办"共建'一带一路'闽澳'并船出海'"——支持闽籍企业跨境融资战略合作签约仪式，发挥自身国际化特

色优势，推动跨境投融资便利化，助推闽企出海，反哺福建经济发展，对推动福建全方位高质量发展超越、助推具有澳门特色的"一国两制"成功实践具有重要意义。

2021年2月4日，共建"一带一路"闽澳"并船出海"——支持闽籍企业跨境融资战略合作签约仪式（前排右一为时任厦门国际银行副总裁兼澳门国际银行总经理焦云迪）

未来，厦门国际银行还将优先推进在广东、福建、浙江等国内著名侨乡强化机构网点特色化升级，打造华侨金融特色服务支行，设置华侨金融专柜或专窗，积极构建"华侨金融支行—分行—总行"三位一体的"直通式"华侨金融营销链路，塑造乡情金融暖心品牌。

四、赓续弘扬"嘉庚精神"，积极践行社会责任

厦门国际银行积极凝聚全行力量，勇担社会责任，彰显以国家和民族为重的"嘉庚品格"。新冠疫情以来，厦门国际银行集团先后向内地、港澳及东南亚地区多间机构捐赠医疗物资或善款，大力支持医护人员及扶助弱势社群，并组织参加了多场政银企对接会，获得了社会各界广泛赞扬。

除了积极推进金融抗疫，厦门国际银行也秉承集友银行"以行养校、以行助乡"的设立初衷，积极弘扬兴学爱国。2020年1月，厦门国际银行携手闽都中小银行教育发展基金会联合发起的"汇爱育人"教育扶贫公益项目，对口扶贫示范区——宁夏回族自治区闽宁镇设立"厦门国际银行—闽都基金会'汇爱育人'基金"，向闽宁镇捐赠150万元，用于支持闽宁镇教育扶贫、捐资助学等公益事业。厦门国际银行坚持"金融之上、勇立潮头"的发展使命与"发展取之于民，成果惠之于民"的崇高理念，将"嘉庚精神"融入企业文化，启迪银行员工从"嘉庚精神"中汲取力量，未来厦门国际银行亦将继续携手闽都中小银行教育发展基金会，持续捐资助学，致力教育扶贫。

2020年，厦门国际银行"汇爱育人"扶贫公益项目启动（左二为时任厦门国际银行总裁章德春）

　　厦门国际银行集团积极践行金融责任，诚毅回馈社会，参与抗疫金融；同时，发挥国际化特色，强化跨境金融优势，积极发展华侨金融，服务海外侨胞侨企，凝聚侨心统一战线，团结世界各地华侨华人爱国爱乡，进一步服务国家及区域发展战略，这亦是新时代传承和弘扬"嘉庚精神"的重要实践。

第三节　踔厉奋进　打造标杆

　　在着力深化推进集友银行"重走嘉庚路"、重塑华侨金融旗帜的同时，厦门国际银行集团秉承着境内外融合的"华侨"基因，也具备发展华侨金融的天然优势和产品服务优势。不仅如此，厦门国际银行华侨金融的发展与实施更大范围、更宽领域、更深层次的金融开放的理念也是一脉相承的。

　　在新时代背景下，厦门国际银行将秉持"专注服务侨胞侨眷"的理念和践行金融开放的改革先锋精神，依托科技与创新驱动的力量，深耕侨

2022 年，集友银行参加香港侨界联会活动

乡，服务国家区域发展，辐射境外，助力"一带一路"建设，努力实现国内华侨金融领域客群最广、服务最优、品牌影响力最强的目标，打造成为"华侨金融标杆银行"！

厦门国际银行华侨金融未来总体发展策略可以用"一二三四五"体系来描述，即秉持"专注服务华侨华人、广泛团结侨胞侨眷"一个心愿，依托侨务工作机关、华侨华人社团两大桥梁，围绕塑造特色金融创新品牌、塑造区域金融优势品牌、塑造乡情金融暖心品牌三大定位，坚定专业化、广泛化、特色化、精细化服务的"专广特精"四大方向，构筑"聚侨胞、拓侨道、建侨制、优侨服、树侨牌"五大体系，努力将在新发展形势下的厦门国际银行打造成"华侨金融标杆银行"。

一个心愿。以"专注服务华侨华人、广泛团结侨胞侨眷"为发展华侨金融的心愿与使命，并依托厦门国际银行国际化布局、澳门国际银行深耕澳门及葡语系国家平台以及集友银行扎根香港并服务"一带一路"南线的优势和特色，广泛团结海内外侨胞，以金融发展构建更加广泛的统一战线，共促中华民族伟大复兴。

两大桥梁。充分发挥厦门国际银行侨资背景特色及相关政策支持优势，深入布局主要侨乡，与侨务工作机关、华侨华人社团构建友好合作关系，共建服务侨胞、侨商侨企的坚实桥梁。

三大定位。围绕华侨金融塑造"特色金融创新品牌、区域金融优势品牌、乡情金融暖心品牌"三大品牌，重塑彰显特色、贯通区域、凝聚乡情的华侨金融旗帜，将华侨金融塑造成为银行推动特色金融独特发展的创新品牌，并以华侨金融地缘式发展助力区域经济金融高质量发展。

四大方向。坚定专业化、广泛化、特色化、精细化服务的"专广特精"四大方向，面向华侨金融建立一套专业化的经营模式，延伸华侨金融服务触角、广泛触达侨胞群体，提供特色、精细、一站式的差异化综合服务。

五大体系。围绕客群、渠道、机制、服务、品牌五个方面，构筑"聚侨胞、拓侨道、建侨制、优侨服、树侨牌"五大体系，形成涵盖短中长期的全周期发展策略。积极推动同业间华侨金融合作，"以侨引侨、以侨带侨"，构建华侨金融特色生态联盟；延展华侨金融特色服务渠道，推出华侨金融线下特色服务网点，在国内著名侨乡强化机构网点特色化升级，打造华侨金融特色服务支行；建立华侨金融特色体制机制，打造华侨金融特色服务体系，构建集团化、多层次、综合性的华侨金融产品和服务体系；树立华侨金融金字品牌，提升厦门国际银行华侨金融服务影响力。

未来，厦门国际银行集团将充分利用港澳同胞和闽籍华侨华人在香港、澳门和东南亚地区的"地缘""人缘""血缘"优势，发挥澳门国际银行深耕葡语系国家平台以及集友银行服务"一带一路"南线的优势和特色，打好"港澳牌""华侨牌"，凝聚侨心侨力，积极助力"一国两制""一带一路""双循环"、区域发展战略、深化金砖国家战略伙伴关系等国家重大战略及倡议，致力将集友银行和澳门国际银行打造成为华侨金融主力军，助力境内外经济金融融合发展。同时，进一步传承弘扬"嘉庚精神"，沿着海上丝绸之路，将华侨金融从境内沿海、香港、澳门等地向东南亚延伸，架起连接内地与香港、华侨与祖国之间的桥梁，促进凝聚广大侨心侨力，积极赋能华侨华人经济圈高质量发展，更好地服务支持新发展格局，助力中国式现代化建设，并不断为国家事业和中华民族伟大复兴作出更大的贡献。

集友银行大事记

1943—2022年

1943 年

经陈村牧和陈济民、陈厥祥及部分校友商议，决定从新加坡汇回的款项中拨出 200 万法币，发起成立集友银行。（1942 年新加坡沦陷前夕，按照陈嘉庚的建议，陈六使、李光前等亲友向集美学校汇款 855 万元国币）

5 月 1 日，集友银行发起人会议在安溪集美学校董事会办事处举行，选举陈嘉庚、叶道渊、陈村牧、陈六使、李光前、陈济民、陈厥祥、陈博爱、叶采真为董事，丘汉平、陈国庆、陈康民为监事。

9 月 18 日，集友银行在福建永安举行第一届第一次董监联席会议。

10 月 1 日，集友银行总行在福建永安开业。

11 月 1 日，集友银行东兴及柳州办事处开业。

1944 年

1 月，柳州办事处未获批准，后即撤销。

3 月 15 日，集友银行泉州办事处开业。

1945 年

3 月 15 日，集友银行大田通讯处成立。

9 月 1 日，集友银行福州办事处开业。

10 月 21 日，集友银行总行由永安迁厦门，永安设通讯处，办理总行未了业务。

12 月 1 日，集友银行总行在厦门海后路 27 号开业。

1946 年

5 月 4 日，东兴办事处迁往漳州营业，集友银行漳州支行开业。

6 月 25 日，集友银行永春通讯处成立，大田通讯处撤销。

1947 年

3 月 5 日，集友银行厦门总行举行第一次股东常会产生第二届董事及监察人。选举陈厥祥、陈六使、李光前、叶采真、陈村牧、刘梧桐、李克芽、陈济民、陈康民 9 人为董事，郑揆一、庄怡生、叶道渊 3 人为监察人。

4 月 2 日，在陈厥祥主持下，集友银行香港通讯处成立。

4 月 8 日，集友银行厦门总行举行第二届第二次董事会，议决：香港集友银行"应以独立为宜"，不隶属于集友银行厦门总行；资本定为港币 25 万元，先收 40%（港币 10 万元）开始营业，集友银行厦门总行参股 70%。

4 月 24 日，香港集友银行获批准在香港注册成立。自此，集友银行分为厦门、香港两大分支。

7 月 15 日，香港集友银行正式开业，首任董事长为陈六使，陈厥祥任总经理。

1949 年

11 月 13 日，中国人民银行厦门支行核准集友银行厦门总行复业。

1950 年

2 月 5 日，中国人民银行厦门支行核准集友银行厦门总行为办理侨汇银行。

3月9日，中国人民银行厦门支行核准集友银行厦门总行为办理外汇指定银行。

4月，香港集友银行行址由中天行迁入雪厂街10号旧显利大厦地下，业务始有较大发展。

11月20日，集友银行上海分行开业。

1951年

4月25日，中国人民银行厦门支行核准集友银行厦门总行代理储蓄存款业务。

1952年

2月22日，中国银行厦门分行准集友银行厦门总行代理华侨储蓄存款业务。

10月17日，集友银行厦门总行举行第六次股东临时会议。审议海外股东陈六使、李光前等人关于将投在集友银行厦门总行账内的股款全部捐作私立集美学校基金的提议，多数股东表示赞同。

12月，上海金融业全行业实行公私合营，集友、华侨、东亚等3家侨资银行仍独立经营。

是年香港集友银行获准为外汇银行公会会员及香港银行票据交换所会员行，是当年22家直接交换行之一。总经理受聘为香港银行华员游乐会（现香港银行华员会前身）名誉会长。

1953年

集友银行厦门总行董事会向各股东发出将股份捐献给集美学校的号召，得到主要股东的热烈响应，并基本完成捐赠。

1955 年

周恩来总理于 1955 年 3 月 26 日复函陈嘉庚并指示人民银行：厦门、上海集友银行仍继续经营，业务上由国家银行帮助，保证集友银行有利可图，不使亏损。多余人员可安置在国家银行。

1959 年

8 月，香港集友银行获准为外汇授权银行，即向英国伦敦汇丰银行开立外币存款户，直接经营外汇进出口业务，并建立海外代理关系。

11 月，香港集友银行在北角英皇道 412–414 号地下自置行址开设本行第一家支行——北角支行，扩大服务范围。

1960 年

1 月，香港集友银行开设本行在九龙区的第一家支行——红磡支行，自置行址设于九龙漆咸道 240–242 号地下。

1961 年

8 月 12 日，集友银行倡办人陈嘉庚在北京病逝。

1962 年

香港集友银行购入德辅道中 76–80 号物业三幢，成立诚信置业有限公司，筹建总行大厦。

1964 年

6 月 25 日，香港集友银行总经理陈厥祥病逝。

7 月，香港集友银行董事会推陈克承任总经理。

1967 年

1 月，香港集友银行总行迁入自建的德辅道中 76-80 号集友银行新大厦营业。

1968 年

7 月，集美学校委员会授权中国银行香港分行代管集美学校在香港集友银行的股份。

是年由于香港经济不景气，香港集友银行亦受到波及并面临困境。董事长陈六使和主要股东委聘中国银行香港分行代管集友银行。

1970 年

为符合当年香港《银行业条例》对最低资本额的规定及适应业务发展，经董事会议决，邀得中国银行注资参股，自此香港集友银行正式成为中银集团成员之一。

12 月，香港集友银行自置九龙观塘物华街 42-44 号地下物业开设观塘支行。

1972 年

9 月，在香港湾仔轩尼诗道 319 号开设东区支行（现湾仔分行前身）。

10 月，香港集友银行北角支行扩充自置行址，为东区客户提供更方便的服务。

是年集友银行厦门总行改为国有，上海分行停业。

1973 年

集友银行董事长陈六使在新加坡病逝，董事会推选陈光别任董事长。

1979 年

3 月，香港集友银行自置九龙荔枝角道 235–237 号地下开设深水埗支行。同月成立全资附属集友财务有限公司，开展多元化业务。

6 月，集友银行红磡支行迁入九龙机利士路 23–25 号新置行址营业。

10 月，中银集团实行储蓄存款计算机化，为 13 家成员行提供联机服务，有力促进香港集友银行业务发展。

12 月，香港集友银行自置九龙康强街 63 号地下开设新蒲岗支行。

1981 年

3 月，香港集友银行代理宝生银行的黄金现货买卖业务。

6 月，香港集友银行自置香港文咸西街 22–24 号地下开设上环支行。

8 月，香港集友银行自置九龙上海街 161 号地下开设油麻地支行。

10 月，香港集友银行自置香港皇后大道西 431 号开设西区支行。

12 月，香港集友银行成立全资附属机构——集友银行（代理人）有限公司办理各项信托业务。

1982 年

1 月，香港集友银行青山道支行开幕，自置行址九龙青山道 247 号。

9 月，香港集友银行东区支行迁入湾仔轩尼诗道 319 号新置行址营业。

是年，香港集友银行设立外汇部为客户提供外汇买卖业务，并参与资金市场活动，涉足商业银行业务。

1983 年

香港集友银行为存户提供自动柜员机服务。

1984 年

港澳 5 家兄弟行委托香港集友银行为代表，联同中国银行总行信托咨询公司参与组建厦门经济特区联合发展有限公司，开发建设湖里工业区。

4 月，香港集友银行设立中国投资咨询部。

4 月 2 日，香港集友银行获中国人民银行批准在厦门设立代表办事处。

5 月 4 日，香港集友银行厦门代表办事处开幕，为海内外客户提供投资咨询服务。

1985 年

4 月，香港集友银行加入"易办事"（EPS）系统，为中银卡存户提供一项跨越时空的服务——直接联机转账付款服务。

11 月 8 日，香港集友银行厦门代表办事处获中国人民银行批准升格为分行。

是年，为配合业务不断扩展，加强对计算机之运用，香港集友银行基本完成各项主要业务之计算机联机操作。

1986 年

1 月 8 日，香港集友银行厦门分行开幕，成为当地最早开业的外资独资银行之一。

1987 年

集友银行在香港创业 40 周年，第六届国务院委员兼国务院港澳办公室主任姬鹏飞为《香港集友银行创办四十周年纪念特刊》题字。

1988 年

6 月 7 日，香港集友银行获中国人民银行批准在福州设立代表办事处。

7 月，香港集友银行福州代表办事处开幕。

1989 年

12 月 25 日，由香港集友银行捐资设立的集友陈嘉庚教育基金会正式
成立。

1992 年

11 月 18 日，香港集友银行福州代表办事处获中国人民银行批准升格
为分行。

1993 年

1 月 8 日，香港集友银行福州分行正式开业。

5 月，香港集友银行大厦扩建完成。

1993 至 1994 年

连续两年获"汤臣百卫"亚洲区最佳表现银行第二名。

自 1994 年起，连续五年捐资赞助福建省"科技成就奖"，合共捐资 60
万港币，以奖励有重大贡献的福建省科技人员。

1995 至 1996 年

《银行家》杂志公布世界 1000 大银行排名，香港集友银行在 1995 年
及 1996 年分别排名第 699 位及第 636 位。

1996 年，香港集友银行成立"集美教育专项"，以支持福建省及集美
学校的教育事业。

![陈嘉庚兴集友银行]

1997 年

香港回归，同年亦为香港集友银行在香港创业 50 周年，邀请客户出席 50 周年金禧志庆酒会，并在菲律宾举行"九七香港经济研讨会"。

1998 年

捐款 50 万元人民币资助福建省希望工程。

自 1998 年起，连续六年资助福建省厦门大学、福州大学、集美大学及集美中学共计 100 名贫困学生，合共 300 万元人民币。

2000 年

向集美大学财经学院捐款 100 万元人民币，作为构建计算机实验室的经费。

2001 年

10 月 1 日，中银集团重组完成，香港集友银行成为中国银行（香港）有限公司的附属公司。

2000 年

香港集友银行成立财富管理服务团队，丰富财富管理服务及产品；同时，大力发展中小企业，为客户提供专业、全面跨境金融服务。在《银行家》杂志公布的世界 1000 大银行排名中，香港集友银行跃升至第 465 位。

2003 年

香港集友银行在香港首创推出"易达"自助股票交易机，提供快捷的股票买卖服务。

2005 年

香港集友银行向集美大学捐赠 30 万元人民币，以资助该校 100 名家境清贫的优秀学生。

2006 年

香港集友银行向厦门大学附属中医院捐款 20 万港元，协助 400 名闽西山区先天性心脏病患儿童的救治。

2007 年

香港集友银行在香港创业 60 周年，设计印制"集美与集友"60 周年志庆纪念邮票。

2008 年

香港集友银行代表参加北京奥运火炬传递（福建省）。

是年，集友银行香港本地分行已经扩展到了 24 家，实现了香港重点地区全覆盖。

2009 年

3 月，香港集友银行在厦门开设集美支行。

2011 年

香港集友银行捐款 36 万港元赞助集友陈嘉庚教育基金会。

2011 至 2012 年

香港集友银行连续两年度被《亚洲周刊》评为"亚洲银行 300 间排名行榜中总资产回报率为 20 大银行之一"，其中 2011 年为第 16 位、2012 年获得第 8 位。

2012 年

12 月，香港集友银行厦门观音山支行开业。

2013 年

为纪念陈嘉庚创办集美学校 100 周年，香港集友银行向集友陈嘉庚教育基金会捐款 100 万元人民币。

2014 至 2015 年

香港集友银行以"聚焦闽港两地，实现特色经营"为业务发展策略，主攻福建相关业务，成为银行业务的增长点。2015 年出访东南亚国家，深化与当地商会侨领及宗亲团体的往来关系。

2015 年

香港集友银行逐步对总行大厦及部分分行施行翻新工程。

2016 年

为配合中银集团长远发展策略，中银香港拟议全数出售香港集友银行权益。

12 月 22 日，在福州举行"集友股权买卖协议和过渡期服务协议签约仪式"。

2017 年

3 月 27 日，香港集友银行股权交割成功，成为厦门国际银行的一员。

3 月 28 日，厦门国际银行、集美校委会与中银香港在港联合举行集友银行股权成功交割仪式。

7 月 3 日，成功参与市场第一批交易，首批完成"债券通"投资业务。

11 月 29 日，在港成功发行首笔 2.5 亿美元的额外一级资本票据（ATI）。

全国政协副主席董建华、梁振英，香港特区行政长官林郑月娥等人欣然为集友银行 70 周年题词。其中董建华以"立足香港 裕港兴邦"八个字肯定了集友银行对国家、对香港的贡献。

2018 年

集友银行总资产规模破千亿。

8 月 17 日，集友银行两家附属公司"集友国际资本有限公司"和"集友资产管理有限公司"正式成立，资本资管，双翼起航。

12 月，集友银行深圳分行开业。

2019 年

10 月，以集友银行旗下集友陈嘉庚教育基金牵头，联合新加坡陈嘉庚基金、马来西亚陈嘉庚基金等全球各地嘉庚系非营利性组织，成功发起设立"陈嘉庚基金联谊会"。

10 月，集友银行主导承办"重走嘉庚路·致敬新时代"主题系列活动香港站之"陈嘉庚基金联谊会成立大会""华侨旗帜·民族光辉——传承嘉庚精神及华侨华人参加祖国建设成果展"等活动。

2020 年

7 月 11 日，集友中国内地系统成功上线，实现从 0 到 1 的历史性突破，全面提升信息科技实力。

2021 年

4 月 19 日，集友私募股权投资基金管理（深圳）有限公司通过中基协私募股权基金管理人备案核准，成为近三年来中国首家获得备案的银行系 QFLP 公司。

11 月 8 日，集友 QFLP 公司成功获批合格境内投资企业（QDIE）资质，成为深圳市 QDIE 新政策推出以来首家获批的港资银行系股权公司。

12 月 8 日，福州鼓楼支行正式开业。

2022 年

集友银行成功发行 2 亿美元二级资本债和 2 亿美元一级资本债。

9 月，成立跨境业务与华侨金融部，负责华人华侨客户的广泛联系。

11 月 16 日，深圳南山支行正式开业。

后 记

经历一年多的紧张筹备,值此集美学校创办 110 周年、集友银行成立 80 周年之际,《陈嘉庚与集友银行》一书终于和大家见面了。

一年多来,书籍编撰团队全体成员在繁重的日常工作之余,克服新冠疫情复杂严峻防控形势的不利影响,查阅了大量的史料、访问了多位支持和关心集友银行发展的亲历者、集美校委会成员,坚持高水平投入、高标准工作,夜以继日地付出,终换来了全书的成稿,让陈嘉庚先生与其倡办的集友银行的一个个生动的故事呈现在读者面前。

文章千古事,得失寸心知。在调研和史料整理中,我们仿佛看到嘉庚先生在战火纷飞的年代,四处奔走,为动员华侨支持祖国复兴而殚精竭虑;我们仿佛看到集友银行在辗转经营中,依然坚守"诚毅"品格,对兴学资教事业始终不离不弃;我们更能看到集友银行在回归福建以后,践行华侨金融的发展规划日益清晰,一步一个脚印地融入新发展格局!

本书的编写由集友银行董事长王晓健先生发起并确定主旨,得到华侨博物院、厦门国际银行、集友银行的倾力响应。编著本书是团队合作的智慧结晶,编写团队成员均对华侨历史、集友银行发展历史、商业银行经营管理与战略发展规划等方面有着深厚的积累。全书的编著大纲由王晓健指导,刘晓斌、林翠茹拟写,共分五个篇章,第一篇由华侨博物院蔡青梅、林翠茹执笔,第二篇由华侨博物院李丽执笔，第三篇由集友银行办公室陈思慧、赵若言执笔，第四篇由华侨博物院潘少红、刘晓斌执笔，第五篇由厦门国际投资有限公司郑国忠执笔，厦门国际银行陈坤协助编写。刘晓斌、林翠茹对全书进行全面调整、修改及补充，李丽协助统稿。编写组的其他成员参与了篇章构思研讨、脑力激荡，历史资料搜集、梳理分析，人物访谈筹备、记录整理等工作。全书由华侨博物院刘晓斌院长、林翠茹博士和集友银行行政总裁郑威、厦门国际银行金融研修院院长秦志华等人统稿审校，并由王晓健最终审定。

饮水思源，心怀感恩。感谢厦门国际银行曹云川先生、章德春先生的悉心指导，他们对书稿谋篇布局的思考，积极对接各方资源，为书稿的撰写奠定了基础和方向；感谢嘉庚先生长孙陈立人先生对本书写作的关心并欣然作序；感谢集美学校委员会为编写组调研查档提供的支持；感谢集美校委会原副主任陈忠信等专家领导在百忙之中对本书初稿提供专业指导意见和建议；感谢集友银行和中银香港历任老领导、老同事千辛万苦收集整理提供珍贵史料素材，这都对丰富本书内容、提升本书可读性起到了巨大的作用；感谢以厦门国际银行党办王颖、厦门国际银行三明分行时任行长刘杰、集友银行厦门分行陈为民等为代表的厦门国际银行集团员工，他们不放过任何一个蛛丝马迹，查证每一个史料细节，收集图片、物件证据等，甚至从散轶的资料中努力厘清并还原集友银行经营历史场景，他们饱满的工作热情、极度的敬业精神和强大的执行力，值得我们学习；感谢中国华侨出版社郭岭松总编辑、高文喆副总编辑和桑梦娟责任编辑及其他各位编辑老师对本书成稿和出版过程的指导、支持和帮助，他们怀着对嘉庚先生的崇敬之情，以严谨、认真、负责的工作态度，夜以继日地工作，推动本书的顺利出版。

　　我们希望通过本书，使广大读者能进一步了解以"华侨旗帜 民族光辉"陈嘉庚先生为代表的爱国华侨在金融方面做出的突出贡献；希望通过本书了解陈嘉庚先生倡办的高举"华侨金融"旗帜的集友银行的过去、现在和未来发展规划；也希望通过本书，使广大读者从中汲取力量，积极传播华侨代表人物的优秀品质和文化，带动更多的人践行嘉庚精神的时代价值，为实现中华民族伟大复兴贡献自己的力量。

　　由于涉及时间跨度较长，囿于资料，加之编者水平和时间所限，又受疫情影响，大量调研工作无法实地充分展开，本书还存在一些疏漏和不妥之处，我们真诚地欢迎各位读者和专家不吝指教。

《陈嘉庚与集友银行》编委会

2023 年 6 月